상처받은 인간다움에게

상처받은 인간다움에게

초판 1쇄 발행 2022년 11월 24일

지은이 박정은

펴낸이 조기흠
기획이사 이홍 / **책임편집** 전세정 / **기획편집** 박의성, 정선영, 박단비
마케팅 정재훈, 박태규, 김선영, 홍태형, 임은희, 김예인 / **제작** 박성우, 김정우
디자인 형태와내용사이

펴낸곳 한빛비즈(주) / **주소** 서울시 서대문구 연희로2길 62 4층
전화 02-325-5506 / **팩스** 02-326-1566
등록 2008년 1월 14일 제 25100-2017-000062호
ISBN 979-11-5784-622-1 03300

이 책에 대한 의견이나 오탈자 및 잘못된 내용에 대한 수정 정보는 한빛비즈의 홈페이지나
이메일(hanbitbiz@hanbit.co.kr)로 알려주십시오. 잘못된 책은 구입하신 서점에서 교환해드립니다.
책값은 뒤표지에 표시되어 있습니다.

⌂ hanbitbiz.com ￼ facebook.com/hanbitbiz ￼ post.naver.com/hanbit_biz
￼ youtube.com/한빛비즈 ￼ instagram.com/hanbitbiz

지금 하지 않으면 할 수 없는 일이 있습니다.
책으로 펴내고 싶은 아이디어나 원고를 메일(hanbitbiz@hanbit.co.kr)로 보내주세요.
한빛비즈는 여러분의 소중한 경험과 지식을 기다리고 있습니다.

너와 나 그리고 우리를 위한 인문학

상처받은 인간다움에게

박정은 지음

HB 한빛비즈
Hanbit Biz, Inc.

내가 사는 곳은 미국 캘리포니아 앨러미다Alameda다. 부의 상징으로 여겨지는 샌프란시스코 건너편에 위치한 소박하고 작은 섬 앨러미다를 산책하다 보면, 한적한 주택가와 아기자기한 상점, 정겨운 아이스크림집을 지난다. 그리고 이렇게 아름다운 풍경 사이로 텐트를 치고 사는 가난한 이들을 보게 된다. 그러다가 그들의 흐릿한 두 눈과 마주치면 희망을 잃은 듯한 그 눈빛에 나는 괜스레 미안한 마음이 들곤 했다. 나는 막연히 밀려드는 이 미안한 마음의 이유를 알고 싶었다.

여느 때처럼 동네 산책을 하고 집으로 돌아와 책장을 정리하는데, 한쪽 구석에서 책 한 권이 툭 떨어졌다. 톨스토이의 《사람은 무엇으로 사는가》였다. 이 책을 처음 읽은 건 중학교 2학년 겨울이었다. 세월이 지나 다시 책을 뒤적이다 나도 모르게 미뤄두었던 생각이 떠올랐다. 톨스토이의 동화 같은 이야기가 내가 살아가는 동안 두고두고 생각하게

만들었던 질문 한 가지를 떠올리게 한 것이다. '인간은 무엇인가.'

　인간人間은 개인과 개인 사이에 놓인 공간을 의미한다. 특히 간間 자는 아주 시적인 글자인데, 문과 문 사이의 틈으로 햇살이 들어 여유 있고 따스한 공간을 시각적으로 묘사했기 때문이다. 그러니까 인간이란, 사람과 사람 사이에 일어나는 내면적이면서 외연적인 상호 작용 그 자체이다. 여기서 사람은 인격을 가진 주체를 의미하는 것으로, 그 한 사람의 인격에는 이미 다른 인격의 역사와 진실, 그리고 동시에 사회 경제적인 구조, 환경, 예술 등이 담겨 있다. 그러므로 인간은 결코 단수가 아닌 복수, 그리고 공동체라는 진실을 내포한다.

　서구인들은 한국에 아직 남아 있는 공동체 정신을 보고 놀라워한다. '우리'라는 의식, 그래서 함께 걸어가는 운명이라는 의식을 서구인들은 사실 잘 이해하지 못한다. 하지만 인류는 공동체 속에서 함께 울고 웃으면서 사람이 무엇이고 삶이 무엇인지를 배웠다. 그리고 그 정신을 우리의 DNA에 새겨왔다. 그렇다면 우리는 그 유전인자를 다시 창의적인 방법으로 깨워야 한다.

그런데 요즘 내가 사는 미국에서는 거의 하루도 빠짐없이 총으로 사람을 죽이는 비극이 발생한다. 누구나 쉽게 총을 살 수 있는 법이 문제일까, 자본주의 사회에서 억눌린 사람들이 경험하는 비인격적인 현실이 문제일까, 그것도 아니면 아주 오랜 시간 구조화된 인종차별이 도사리고 있는 사회가 문제일까? 이런 의문에 대해 생각할수록 오늘 무엇이 나를 진실한 인간으로 살게 하며, 인간이란 어떤 존재인가라는 의문을 떨쳐낼 수 없다.

결국 서두에서 말한 초점 없는 그 눈빛에 내 마음이 흔들렸던 건 내가 인간이기 때문이다.

인간에 대한 문제를 언급할 때, 가장 먼저 떠오르는 철학자는 아마도 프리드리히 니체일 것이다. 그는 무너진 인간성이 회복된 어떤 경지를 이야기하기 위해 "신은 죽었다"라고 분명히 말했다. 그가 무신론자란 뜻이 아니라, 인간이 인간성을 상실케 하는 그런 신관이 만들어낸 종교, 즉 그리스도교가 만들어낸 개념의 신은 죽었다는 뜻일 것이다. 신을 중심으로 하는 사고가 많은 사람의 삶에서 의미를 앗아갔으니, 이제 신이 없는 세상에서 인간의 경험과 실존을 놓고 인간의 문제를 정직하게 보자고 말하고 있는 것이다.

오늘의 인류는 어느 때보다 많은 것을 생산하면서도 어느 때보다 많은 사람이 배고프고, 소외되고 있다. 세상은 팬데믹 속에서 괴로워하고, 모든 것이 멈춰 선 듯하다. 이런 때일수록 우리는 진실되게 행복한지, 우리의 인간성은 상처받지 않았는지를 물어야 한다. 톨스토이는 "사람은 사랑으로 산다"고 했는데, 진정 그럴까?

나는 홀리네임즈대학Holy Names University에서 학생들에게 이런 질문하기와 더불어 인문학을 가르친다. 나는 수업의 기본 틀만 제공하고 학생들이 컴퓨터에 올린 질문을 중심으로 같이 이야기 나누는 것을 원칙으로 삼아 함께 답을 찾는다. 중세 여성들은 어떤 음식을 요리했는지, 비잔틴 성당의 모자이크는 어떻게 붙였는지 같은 것까지 말이다. 내가 받은 질문은 학생 수만큼이나 다양했으며, 또 나를 놀라게 했다. 인문학 자체가 질문하는 학문이라는 것, 답을 찾기보다는 더 깊은 질문 속으로 빠져들어 갈 때 그 공부와 그 생각은 더 빛을 발한다는 것을 나는 확신하게 되었다.

이 책은 내가 10년간 홀리네임즈대학에서 수업한 내용들과 개인적인 사색들을 모은 것으로, 전체 3부로 구성되어 있다.

1부 〈너의 일상에 안녕을〉에서는 개인의 삶에서 만나는 질문들을 다루었다.

2부 〈나를 이루는 것들〉은 외부 환경과 타인과의 관계가 빚어내는 삶의 질문들에 관해 기술했다.

마지막 3부 〈우리가 머무는 이 세상〉에서는 우리가 살아가는 21세기 글로벌 시대에 만나는 문제를 다루었다.

더하여 이 책은 내가 경험한 삶의 현장에서 도전받았고 감동했던 주제들을 다루고 있으며, 한국 문화와 미국 문화의 어딘가에서 주변을 서성이는 조금은 다른 삶을 살아가는 여성이자 이방인의 관점을 적은 글이다.

이 책을 통해, 누군가 그 어떤 꽃보다 아름답고 그 어떤 보물보다 귀한 것이 사람이라는 깨달음을 얻는다면, 그래서 저마다의 귀한 구석을 알아보고 소중히 대하며, 그렇게 오늘 하루 공동체를 다시 한번 떠올려준다면 큰 보람이 될 것이다.

작은 섬 앨러미다에서

1부

너의 일상에 안녕을

1장 갑자기 마주한 줌 세상

　나는 학교 사무실로 급하게 뛰어갔다. 마치 전쟁이 일어난 것 같았다. 코로나가 터진 2019년 3월, 모든 기관이 폐쇄 조치에 들어가 나는 부랴부랴 수업할 자료들을 챙겨야 했다. 바로 다음 주부터 줌으로 수업해야 했기 때문이다. 온라인으로 수업해본 경험이 없는 교수들은 당황스럽게도 급히 줌 문화로 들어가야 했다. 일단 학기를 끝내려면 다른 방법이 없었다. 그때의 나는 그날의 혼돈이 얼마간 계속될지 전혀 예상치 못했다.

온라인이 일상이 되기까지

코로나 시대가 되면서, 비대면 문화가 갑자기 우리의 삶 속으로 훅 하고 들어왔다. 미국에서는 이 문화를 이끌어가는 젊은 세대를 가리켜 줌Zoom세대라고 부른다. 이전 세대를 차례로 짚어보면 제2차 세계대전 이후에 태어난 베이비부머세대에 이어, 차세대로 이른바 반항적인 X세대가 있었다. 베이비부머세대는 세상을 바꾸기 위해서라면 무엇이든 다 할 수 있다는 확신을 가지고 있으며 아직까지 가장 강력한 경제력을 가지고 있다.

X세대는 베이비부머세대가 보여준 광범위한 관심, 이를테면 성해방, 남녀평등, 반핵 반전 운동 같은 것들을 오지랖이 넓은 것 정도로 여기며, 소위 거대 담론을 처음으로 거부한 세대이다. 이들은 야구 모자를 눌러 쓰며, 특정 단체에 적극적으로 동참하지 않는다. 이들이 모임에 나타나는 것은 마음이 내킬 때뿐이다. 그렇지 않으면 부담스러워 나오

지 않는다. 교회도 마찬가지다. 이 교회에서 저 교회로 출석하는 교회를 바꾼다. 한편 이 세대는 가정에 매우 충실한 편이어서, 거의 모든 순간을 자녀들과 나누려 한다.

그다음 세대, 그러니까 Y세대는 밀레니엄세대라고 불리는 세대로서, 그 부모들과 마찬가지로 자녀들과 아주 가깝고 가정 중심적이며 지역 공동체를 변화시키는 데 관심이 많다. 아이들을 자전거에 태우고 학교에 데려다주는 부모들도 많으며, 경제적인 이유로 대부분이 맞벌이 부부다. Y세대 부모들은 자녀들의 학교 시간표를 꿰고 있으며, 자녀들이 대학생이 되어도 일거수일투족을 모두 알고 있다.

일례로 수업에서 좋은 성적을 받지 못한 학생의 어머니가 나에게 전화를 걸어 "어떻게 하면 학점을 회복할 수 있느냐" "학기 말 페이퍼는 어떻게 점수를 줄 예정이냐"라고 물어본 적도 있다. 일명 '헬리콥터 맘'이 다수 포진한 Y세대는 자아실현을 위해 직장에 나간다기보다는 자녀들과 행복하게 살고 가족을 지키기 위해 일한다. 이들에게 사회 정의란 세상을 바꾸는 것보다 내가 사는 동네를 살기 좋은 동네로 만드는 것으로, 소박하고 매우 현실적인 세대이다.

다음으로 새롭게 등장한 세대가 Z세대이다. 처음에는 Z세대의 Z가 영어 알파벳의 순서에 의해 Y세대 다음 세대를 지칭하기 위해 붙여진 이름이었는데, 요즘 미국에선 줌으로 생활하는 세대로도 통한다. 이들은 옷에 관심이 적어 아주 편안한 운동복을 주로 입고, 온라인으로 쇼핑한다. 그러다 보니 주변인의 영향을 적게 받아 각자 자기의 스타일이 있는 편이다.

아주 어린 시절부터 온라인 게임을 즐기고, 틱톡, 인스타그램, 스냅챗 등을 통해 소통한다. 이들은 게임 같은 가상현실 속에 살면서 동시에 현실의 세계를 함께 살고 있다고 볼 수도 있다. 미국의 대학 중에서는 운동선수들에게 주는 장학금에 e스포츠, 즉 온라인 게임을 포함한 게이머gamer에게 장학금을 주는 경우도 있을 정도이다.

Z세대가 대학생이 되면서 학교도 변화하여 과도기를 맞았다. 온라인 시스템이 발달한 것이다. 성적이나 출결 사항을 온라인상에서 관리하며 학생들의 과제 제출과 성적관리도 온라인에서 처리했다. 나는 아직도 그 과도기를 생생하게 기억하는데, 그때 나와 학생들은 마치 서로 다른 언어를 사용하는 것 같았다.

수업 중 과제를 설명하고 친절히 프린트해서 과제물을 나눠주어도, 학생들은 곧잘 잊어버렸다. 오히려 온라인으로 메시지를 보내면 학생들과 훨씬 쉽게 소통할 수 있었다. 그래서 나도 점점 얼굴을 보고 말을 한다거나 프린트물을 학생들에게 직접 나누어주는 일은 하지 않게 되었다. 학생들은 본인의 생각이나 의견을 이메일이나 핸드폰 문자로 전달하는 것을 훨씬 편안해했다.

페이퍼의 점수를 주는 경우도 좀 더 프로그램화되었다. 루브릭(어떤 부분에서 어느 정도 점수를 주는지 명시하는 표)을 미리 학생들에게 알려주고, 그것에 맞추어 점수를 준다. 사실 나는 이 방식에 처음에는 거부감이 있었지만, 어찌 보면 이 방식이 더욱 합리적임을 인정하지 않을 수 없다.

이 시스템을 통해 보면 수업에서 적극적인 학생들이 누구인지, 수업에는 소극적이면서도 자기 과제나 페이퍼를 충실히 쓰는 학생들이 누구인지가 분명히 보였다. 학생들도 온라인과 오프라인 수업을 섞어서 듣기를 좋아했고, 특히 직장을 다니는 학생들은 공부하는 시간을 자율적으로 조절할 수 있는 온라인 수업을 선호했다. 결국 이런 추세를 따라 어떤 대학들은 수업을 온라인으로 완전히 전환했다.

이제 온라인 공간에서의 수업은 일상이 되었고, 분명 많은 것이 달라졌다.

가르치는 사람의 자세에 대한 재고

좋든 싫든, 새로운 문화가 시작되었다. 모든 기술이 그렇듯이, 줌도 기꺼이 시도하는 얼리어답터early-adopter 그룹이 있고, 억지로 꾸역꾸역 받아들이는 그룹이 있다. 나는 결코 얼리어답터에 속하지 않지만, 수업을 하려면 얼리어답터가 될 수밖에 없었다. 쪼개진 작은 창으로 학생들을 만나는 새로운 세상을 맞아, 시선 혹은 바라보는 행위의 다양성을 생각하지 않을 수 없다.

나는 줌 수업 내내 모든 학생의 얼굴을 보고 싶어서 갤러리 뷰로 화면을 설정했다. 하지만 학생들은 내가 보는 방식대로 보지 않는다는 것, 자기들이 선호하는 방식으로 본다는 나로서는 불편한 진실을 몇 번의 수업을 진행하고 나서야 알게 되었다.

이 줌의 세상이 분명하게 우리에게 가르쳐주는 불편한

진실은 타인은 내가 보는 방식으로 보지 않는다는 점이다. 사진 모임이라도 참여해본 사람이라면 잘 알겠지만, 여러 사람이 같은 장면이나 사물을 찍어도, 누가 찍었는가에 따라 사진이 다르게 보인다. 그런데 나는 학생들이 내가 보는 방식대로 보고 느낀다고 착각했고, 또 착각하고 싶었지만, 학생들은 스스로 '뷰'를 선택했다.

내가 아는 수도자들은 줌으로 모임을 하면서 몇 시간을 똑바로 앉아서 화면을 보고 있으려니 너무 피곤하고 힘들다고 했다. 그들은 자신이 보는 방식, 관점, 각도대로 타인은 보지 않을 수도 있으며, 그렇기 때문에 얼굴을 마주하고 하는 회의를 할 때처럼 똑바로 앉아서 긴장하면서 듣지 않아도 괜찮다는 사실을 수긍하는 데 한참이 걸리는 듯했다.

사실 그동안 전통적인 대학 강의실에서의 수업은 학생들에게 보는 방식, 관점, 혹은 시선을 강요하는 방식으로 진행되었다. 프랑스의 철학자이자 정신분석학자 자크 라캉 Jacques Lacan은 대학 담론이 그저 지식을 재생산하고 반복하는 구조라고 비판했다. 그러나 학생들은 대놓고 반항하는 경우가 아니라면, 대학 강의실의 권위와 지성이 가지는 권력 때문이라도 어지간하면 교수의 담론에 주목한다. 좋은 점수를 얻기 위해 주목하며 적어도 주목하는 것처럼 보인다.

그런데 줌으로 하는 수업에서는 그런 걸 기대할 수 없다. 내가 보는 뷰를 공유하지 않는다는 건 무슨 뜻일까?

물론 줌에는 좋은 점도 있다. 일단 줌은 학생들에게 내가 보여주는 자료가 잘 안 보일까, 칠판의 글씨가 안 보일까 걱정할 필요가 없다. 내가 스크린을 공유하면, 학생들은 내가 보는 모든 자료를 각자의 화면에서 시야의 방해 없이 똑같이 볼 수 있다. 덕분에 흥미를 느끼기 쉬운 그림이나 영화를 보여주었을 때 훨씬 효율적인 강의가 만들어진다.

또 내가 노래나 영상을 참고하도록 링크를 걸어주면, 그들은 언제든 자신의 디지털 기기를 통해 그것을 보고 듣는다. 물론 주어진 자료가 재미없으면 학생들은 자유롭게 음소거해놓거나, 다른 화면을 켜고, 다른 일을 하면서 수업을 들을 수도 있다. 이제 교수는 이런 부분을 통제할 수 없다.

뷰란 결국 보는 방식, 이해하는 방식, 그리고 더 나아가 그 사람의 우주관을 말한다. 줌은 굉장히 냉정하게, 세상을 바라보고 상황을 이해하는 데에 있어 내가 바라는 방식을 가진 타인은 존재하지 않는다는, (물론 우연히 있을 수도 있지만) 무언가 마음이 저릿한 깨달음을 주었다.

그렇다면 교수로서 나는 이 상황을 학생들의 비판적 수용 능력으로 보고 신뢰하는 수밖에 없다. 학생들이 학습하는 주체라는 것, 그래서 내가 가르치는 학생들이 성숙하게 자기의 한계를 알고, 스스로 각자에게 최적의 모드로 학습해나가리라 믿어주는 것이 교수들에게 주어진 새로운 도전인 것 같다. 각자 자기 컨디션을 이해하고, 한계를 알고, 기꺼이 배우려는 자기 주도적인 사고가 줌 시대를 지탱하는 사고라고 나는 생각한다.

중세에 대학이 발달할 때, 두 가지 흐름이 있었다. 하나는 이탈리아 볼로냐 대학의 방식으로, 학생들이 공부하는 내용을 정하고 교수들에게 공부하고 싶은 방향과 내용을 통보했으며, 자신들의 요구에 따라 교수를 채용했다. 다른 하나는 프랑스 파리 대학의 방식으로, 교수들이 지식의 권위를 부여받아 학습 내용과 방식을 설정했다. 전자는 학생 중심의 학교이고, 후자는 교수 중심의 학교이다.

그 후, 대학은 교수 중심으로 발달하면서 보수적인 집단으로 자리 잡았고 소수의 지성인만이 지식을 점유했다. 학생들은 그곳에서 학위를 얻어 그 지식을 재생산했다. 나도 연로한 교수들이 낡은 노트를 가지고 지루한 강의를 해도 대학은 그런 곳이려니 하며, 창밖으로 보이는 나뭇잎의 아름다움에 매료당하는 즐거움을 택했다. 나의 젊음의 빈 노트와 교수의 노트를 비교하면서 지적인 권위가 저 노트에 있다고 믿으며 권태롭게 그 내용을 받아 적고, 역시나 그러려니 하고 외웠다.

그런데 이제 그런 지식이 빠른 속도로 누구에게나 공유된다. 인터넷이 발달한 것이다. 공부를 하고 싶으면 쉽게 여러 자료를 찾아볼 수 있으니, 학위를 받는 것은 아니지만, 다방면에서 지식을 얻어낼 수 있다. 내가 처음 대학에서 가르칠 때, 나는 다른 교수들과 마찬가지로 학생들이 위키피디아 같은 온라인 사전을 사용하지 못하게 했다. 처음에는 그 내용을 신뢰할 수 없어, 도서관 검색 엔진에 있는 자료만을 허용한 것이다.

언젠가 튀르키예에서 온 학생 한 명이 나의 중세 수업을 정말 좋아해주었다. 그리고 방학을 앞두고 그 학생은 열심히 썼다면서 학기 말 페이퍼를 냈는데, 나는 점수를 줄 수 없었다. 유튜브에 실린 자료 그대로를 가져다 쓴 것이 아닌가! 학생은 실망감에 어쩔 줄 모르며 무척 화를 냈다. 나도 평소에 아끼던 학생이어서 마음이 쓰였지만, 그 자료에는 학문적인 가치가 없었다. 학생은 반복해서 자신이 얼마나 수업에 열정적으로 임했는지 주장했다. 물론 나도 잘 알고 있었기에 어떻게 하면 좋을지 동료 교수들과도 이야기해보았지만 반응은 모두 같았다. 결국 나는 그의 성적을 고쳐주지 않았다.

하지만 몇 년이 지난 지금 다시 생각해보면, 그 학생의 방식이 꼭 틀렸다고는 할 수 없다. 지식은 상아탑 학자들의 전유물이 아니다. 지식은 유기체처럼 성장하고 변해간다. 온라인 백과사전의 내용은 모든 이에게 열려 있다. 누구든지 정보를 올릴 수 있고, 잘못된 정보는 또 다른 누군가가 수정하며, 그 내용은 점점 좋아진다.

늦게나마 나는 학생들에게 위키피디아의 내용을 리포트에 사용해도 좋다고 허락했다. 요즘은 학생들에게 주제를 주고 좋은 자료를 찾아오라고 하면 놀랍게도 그들은 유튜브에서 아주 재미있고 잘 정리된 자료들을 기가 막히게 찾아온다. 지금은 나 역시 수업에 사용할 좋은 자료들을 유튜브에서 찾고 있다. 어쩌면 그때 그 튀르키예 학생이 시대를 앞서갔던 것일까?

이제 내게 강의 노트는 절대적인 중요성을 지니지 않는

다. 그럼 교수는 무엇을 하는 사람일까? 줌으로 하는 이 수업에서 나는 학생들이 찾은 자료들을 함께 공부하고, 그 자료들의 관점 그리고 위치들을 분류해주는 역할을 한다. 그리고 내가 가르치고 싶은 자료와 그들이 흥미를 느낀 자료 사이에 커다란 간극이 있을 때, 나는 기꺼이 내가 준비한 자료를 포기한다.

이 정보화 시대의 줌 수업은 모두가 지식을 공유하고, 어떻게 그 지식을 평등하게 공유하는가에 방점이 찍힌다. 그런 점에서 좋은 선생이란 학생이 각자 멋진 관점을 찾아가는 길에 동행하는 사람이란 생각을 했다.

기술의 양면성

줌 같은 기술은 코로나 시대 이전에도 이미 우리 주변에 있었다. 재택근무를 하는 사람들도 있었고, 국제 모임을 온라인으로 하기도 했다. 다만 나는 이 방식을 그다지 좋아하지 않았다. 왠지 함께 만나서 하는 미팅이 더 좋았다. 만나서 밥도 함께 먹으면서 사람을 알아가는 과정을 훨씬 선호했다. 하지만 코로나로 다른 선택의 여지가 없었다. 어떤 기술의 발견과 활용은 일정 부분의 생활 양식을 바꾸고, 바뀐 생활 양식은 사고방식을 바꾼다. 그럼 줌 문화가 우리 생활 양식과 사고방식을 어떻게 바꾸었을까?

모든 일에는 긍정적인 부분과 부정적인 부분이 함께 존재한다. 먼저 나는 코로나로 인해 새로운 그룹을 열심히 만들었다. 소셜미디어에 함께 공부하는 여러 그룹, 기도하는 그룹도 만들었다. 그런데 놀라운 것은, 그런 모임은 언제나 글로벌화된다는 점이었다.

미국과 캐나다에서 접속해 들어오는 사람, 남미에서 들어오는 사람, 그리고 동남아까지. 절대 만날 수 없을 것 같은 사람들과 새로이 만나 우정을 나눌 수 있다는 것은 보통 매력적인 일이 아니었다. 그들의 나눔을 들으면서, 베트남 오지에서 생존을 위해 투쟁하는 가난한 사람들을 내 마음 깊이 담을 수 있었다.

그러나 줌은 사람을 인사이더와 아웃사이더로 더욱 분명하게 구분 지었다. 정보의 바다를 유영할 수 있는 사람들과 그렇지 못한 사람들의 차이가 극명해졌다. 여러 행사가 온라인으로 열릴 경우, 네트워크가 없는 대부분의 사람은 자신들이 어떤 교육, 만남, 기회에서 소외되어 가는지조차 알 수 없다. 아프리카 수녀들과 회의할 때가 떠오른다. 아프리카에는 아직 인터넷망을 제대로 갖추지 못한 지역이 많다 보니 연결이 어려워 원활하게 소통하기 힘들었다. 내가 혼자 짜증을 내고 있는 동안, 그들은 실망스럽고 조바심이 났을 것이다. 어떤 모임이나 흐름에서 멀어지면 다시 들어가기도 쉽지 않다.

코로나가 1차로 절정에 올랐을 때, 나는 동네를 산책하다 커피숍 바깥의 콘센트에 전원을 꽂고 스마트폰으로 숙제하는 젊은이들을 자주 보았다. 등교가 어려워지자 집에 인터넷이나 컴퓨터가 없는 학생들은 어쩔 수 없이 작은 스마트폰으로 아등바등 과제를 작성했다. 그걸 본 후로 나는 내가 가르치는 학생들에게 완벽한 글은 요구하지 않기로 했다. 세상이 늘 열린 공동체가 되도록 의도적으로 노력해야 한다는 생각이 들었기 때문이다.

과연 줌이라는 문화가 연대와 공동 작업에 도움이 될까 하는 질문을 하다가, 질문 자체가 틀렸다는 생각이 들었다. 기술 자체는 중립적이다. 문제는 결국 사람들이 이 새로운 기술 문화를 어떻게 사용해가느냐이다.

셰이프 오브 러브Shape of Love

나는 언젠가 온라인 게임에서 (아마도 여성인) 어느 유저와 사랑하게 된 청년과 대화를 나누었다. 그의 질문은 사뭇 철학적이었는데, 그는 그 게임 공동체에서 자신이 경험하는 그녀의 성격은 실제 그 사람의 성격과 얼마나 연관이 있는지, 또한 인터넷상에서 만난 (정말 여성인지도 알지 못하는) 그 여성을 향한 사랑이 실재하는지 아닌지 알고 싶어 했다.

하긴 우리는 매일 살을 맞대고 부딪히며 사랑한 사람에 대해서도 몇 년이 지나고 나면 결국 나는 그 사람을 알지 못했다고 고백하는 순간을 경험한다. 우리는 엄밀히 말해 타인을 완전히 이해할 수 없다.

자크 라캉은 사람은 자기가 생각하는 어떤 이상적인 부분이 상대방에게 있다고 착각하며 사랑에 빠지는데, 그는 이런 이상적인 부분을 '오브제 프티 아object petit a', 혹은 '대상 a'라고 불렀다(여기서 'a'는 타자 autre를 가리킨다). 그리고 그 상대방에게서 이상을 찾지 못할 때, 그 사랑이 식고 다른 대상을 찾는다.

르네 마그리트의 그림 〈연인〉은 이런 '대상 a'를 찾는 맹목적 행위를 사랑이라고 설명한다. 그림 속에서 두 남녀가 서로 얼굴을 마주 보며 입맞춤하는데, 둘은 각자 보자기를 쓰고 있다. 그러니 실제로 입맞춤하는 사랑의 대상이 누구인지 전혀 모르는 셈이다.

우리가 사랑에 빠졌던 순간을 생각해보면, 그것은 상대를 온전히 알고 난 후가 아니다. 사랑에 빠진다는 것은 상대가 어떤 사람이어서가 아니라, 내가 보고자 하는, 혹은 꿈꾸는 어떤 이상을 그 사람에게 투사한 나의 착각에 가깝다.

그렇다면 이 줌세대의 젊은이가 온라인 게임에서 누군가를 알게 되고 좋아하고 그 대상을 그리워하는 일은 현실과 다르다고 할 수 있을까? 이것은 사랑에 빠진 일이 아닐까?

우리 인간의 마음에는 어떠한 시대에 살든, 간절히 보고 싶고 함께하고 싶은 사람들이 항상 존재한다. 줌 시대일수록 만남은 애틋하고 우리는 이전보다 더 많이 또 자주 상상해야 한다.

나는 매년 여름 베트남에서 수업을 한다. 새벽에 일찍 일어나서 수업하고, 무더운 오후에는 낯선 거리에 나가 사람들의 사는 모습을 두리번거리며 보기를 좋아한다. 햇수를 거듭하다 보니, 학교 근처에 사는 꼬마가 어린 숙녀로 변해가는 모습도 본다. 하지만 나는 숙녀가 된 그 아이와 반갑게 인사도 나눌 수 있어서 좋았던, 고요하고 시적인 베트남의 그 골목길을 포기했다.

대신 나의 다락방에서 줌으로 수업한다. 나의 저녁 시간이 그들에게는 이른 아침이어서 수업하기에 정말 좋았다. 시간이 지나고 나니 수업 내용을 전달하는 데도 별문제가 없다. 더구나 굳이 비행기를 타고 가지 않으니 경제적으로 참 효율적이다.

한편 학생들은 내년엔 꼭 나를 만나길 바란다고 했는데, 역시 언어가 완전히 통하지 않는 이상, 가까이 앉아 얼굴을 보고 대화하는 수업이 훨씬 질이 높고 마음에 와닿는 사실은 어쩔 수 없었나 보다. 내가 좋아하는 나오미 쉬하브 나이의 〈찢어진 지도〉라는 시에는 이런 뜻밖의 해후, 간절한 만남이 이루어지는 꿈이 잘 드러나 있다.

이 시인은 절반으로 쭉 찢어진 지도를 테이프로 삐뚤빼뚤 붙여놓은 걸 보고 아이 같은 즐거운 상상을 했다. 무엇이든 새롭게 시도하고, 그렇게 관계를 넓혀 나간다면 나의 사랑이 충만해지지 않을까. 또 그 사랑으로 이 지구라는 초록별에서 아픈 사람들의 이야기와 아름다운 사람들의 이야기를 많이 들으면서, 나의 삶의 자리도 더 깊고 아름다운 자리로 변해갈 수 있지 않을까.

찢어진 지도

나오미 쉬하브 나이

우연히
실수로
그녀가 지도를 찢었네
반으로
그녀가 테이프로 다시 붙였지만
삐뚤어졌네

이제 모든 길은
물가로 끝나네

산들은
그녀의 동네 바로 옆에 놓여졌네
멋지지 않은가
그게 사실이라면

나는 지도를 찢어

바로 있을 테니까

그대 옆에

적나라하게 드러난 소통의 부재

요즘 우리는 아주 쉽게 자기의 취향, 자기의 스타일, 그리고 자기만의 세계로 깊이 들어간다. 어떤 사람들은 앞으로는 유행하는 패션이나 스타일은 20세기처럼 활발하지 않을 거라고 이야기한다. 우리는 모두 알고리즘의 세상에 살고 있기 때문이다.

만약 내가 스커트를 온라인으로 주문하면, 그다음부터는 온라인으로 쇼핑하려 할 때마다 비슷한 종류의 스커트가 내 컴퓨터 화면에 뜬다. 그러다 보면 자기의 취향을 무한 반복할 확률이 높아진다.

넷플릭스에서 영화를 볼 때도 마찬가지다. 이 거대한 기업은 내가 한번 클릭한 영화와 장르와 주제가 비슷한 영화를 소개하고 고르게 만든다. 마케팅은 고객이 늘 찾는 물건과 비슷한 것을 보여주지, 아주 새로운 것을 시도해보라며 색다른 물건을 보여주지 않는다.

어느새 나도 모르게 새로움에 대한 도전을 하기보다는 늘 어떤 삶의 방식을 반복하며 내 방식으로, 내가 만족하면 된다는 '멘탈 갑'의 논리에 빠지게 될 수도 있다.

우리는 탈무드에 나오는 유명한 '굴뚝 청소부' 이야기를 잘 알고 있다. 이제 막 굴뚝 청소를 하고 나온 두 소년이 있다. 한 소년의 얼굴은 새까만 먼지로 뒤범벅되었고, 다른 소년의 얼굴은 말끔하다. 이때 두 소년 중 한 소년이 자기 얼굴을 닦았다면 어느 소년이 얼굴을 닦았을까?

얼굴이 말끔한 소년이다. 왜냐하면 얼굴이 깨끗한 소년은 얼굴이 꾀죄죄한 소년을 보고 자기 얼굴도 그러하리라고 생각했기 때문이다. 정작 얼굴을 닦아야 할 소년은 깨끗한 소년을 보고 가만히 있었다. 이렇게 인간이 스스로가 누구인가를 알아가는 데는 다른 사람의 시선이 필요하다.

그런데 나는 이 이야기가 맞지 않다고 생각한다. 전제 자체가 잘못되었다. 일반적으로는 분명 이야기를 해줄 것이다. "어? 네 얼굴에 먼지가 많이 묻었어." 그런데 만일 어떠한 말도 해줄 누군가가 없다면, 내가 먼지가 묻거나 말거나 그저 내가 하고 싶은 대로 하면 된다. 이렇게 굴뚝 청소부 이야기 속 두 소년은 서로가 있었음에도, 서로 말해주지 않아 상황을 파악하지 못했다.

비슷한 예로, '세 명의 죄수'라는 아주 재미있는 우화가 있다. 교도소에 세 명의 죄수가 있다. 어느 날 교도소장은 그들을 찾아와 이렇게 말한다.

"다섯 장의 원판이 있는데, 세 장은 하얀색이고 두 장은 검은색이다. 이 원판을 너희들의 등판에 하나씩 붙일 텐데, 다른 사람의 등을 볼 수는 있지만 자신의 등을 돌아보아선 안 된다. 자기 등에 붙어 있는 원판의 색깔을 알아내어 그 이유를 논리적으로 주장하는 사람은 풀어주겠다!"

그런 뒤에 교도소장은 죄수들의 등에 모두 하얀색 원판을 붙였다. 과연 죄수들은 어떤 주장을 했을까? 흥미롭게도 세 명의 죄수는 누가 먼저랄 것 없이 달려와 같은 논리를 펼쳤고 결국 세 명 모두 감옥에서 풀려났다. 어떻게 그럴 수 있었을까? 세 명의 논리 구성은 다음과 같다. 편의상 그 세 명을 A, B, C라고 하자.

A는 B와 C의 등에 흰 원판이 붙어 있는 것을 본다. 그리고 다음과 같이 생각한다. '만약 내가 검은색이라면 B는 흰 원판 하나와 검은 원판 하나를 보게 될 것이다. 그러면 내 등의 검은색 원판을 본 B는 이런 생각을 하겠지. '만약 나도 검은색이라면 C는 검은색 원판 두 개를 보게 될 텐데, 그랬

다면 C는 벌써 달려갔을 거야. 하지만 C는 아직도 주저하고 있군. 그렇다면 내 등에는 하얀 원판이 붙어 있을 테지. 달려야겠다!' 그래, B는 이렇게 생각할 수밖에 없다. 그런데 B가 달리지 않는다. C도 달리지 않는다. 그렇다면 내가 최초에 세운 가정이 틀렸다. 즉, 나의 원판이 하얀색이다. 달려야겠다!' B와 C도 마찬가지다. 이렇게 세 사람은 달려 나가게 된다.*

이 이야기 역시 원래 사람은 자신이 누구인지 타자와의 상호 관계로부터 정해진다는 점을 알려준다. 또한 인물들은 굴뚝의 소년들처럼 서로 대화하지 않았다. 만일 소통을 할 수만 있다면 이런 일은 문제가 되지도 않는다.

그런데 과연 이런 소통의 문제, 혹은 고립의 문제가 줌 시대에 국한된 문제일까? 어떤 사회 조직이건 소외의 문제는 늘 있었고, 줌 문화가 문제의 본질을 평소보다 적나라하게 보여주는 건지도 모른다.

미국의 중독 전문가 데이비드 코트라이트 교수는 그의

---

* 신구 가즈시게, 《라캉의 정신분석》, 김병준 옮김, 은행나무, 2007, 81-82쪽.

저서, 《중독의 시대》*에서 '림빅 자본주의Limbic Capitalism' 란 용어를 처음 사용했다. 림빅 자본주의는 끊임없이 기쁨을 느끼게 하는 도파민을 자극하는 네트워크로 짜인 현대의 글로벌 마켓을 의미한다. 데이비드 교수는 단순한 마약, 담배, 포르노 같은 것들이 컴퓨터 게임, 소셜미디어, 음식 등 우리의 생활 전반에 퍼져 있다고 경고한다.

그러니 나는 더욱이 다른 사람과 소통할 것을 힘주어 말하고 싶다. 그래야 한 곳만 바라보는 우리의 시선을 돌려 주변을 돌아볼 수 있다.

줌 시대를 살아가면서, 우리가 잃어버린 것은 무엇일까? 줌에서는 시각과 청각이 강조되는 반면, 후각과 촉각, 그리고 미각은 존재하지 않는다. 줌으로 미팅을 할 때는 어떤 사람에게서 나던 핸드크림의 냄새를 맡을 수 없고, 힘들다고 할 때 그 손을 잡아줄 수도 없다. 또 함께 음식을 만들고 같은 맛과 행복을 공유하며 추억을 만들 수 없다.

그렇지만 어떤 형태로든 그와 비슷한 것들을 시도해볼 수는 있다. 예를 들면, 함께 촛불을 켜고, 지금 어떤 온기가

---

* David T. Courtwright, *The Age of Addiction: How Bad Habits Become Big Business*(Cambridge, MS: Harvard University Press, 2019), 6-8.

느껴지는지, 무슨 향이 나는지를 구체적으로 이야기하면서 내가 지금 경험하는 그 상황을 나누는 건 어떨까?

내가 사는 미국의 추수감사절 기간에 공항은 고향에 가려는 사람들로 북새통을 이루고, 그렇게 인파를 뚫고 집으로 가면 가족과 칠면조를 먹으며 시간을 보낸다. 하지만 지난 해는 사뭇 달랐다. 내가 보낸 추수감사절 중에서 가장 조용한 추수감사절이었다. 고향을 방문하기 위해 먼 곳까지 이동하는 사람은 대폭 줄었고, 미국의 많은 가족이 줌으로나마 추수감사절 저녁 식사를 함께했다. 각자 식탁을 차리고, 한 해 동안 서로 감사했던 점과 각자의 삶의 변화를 나누었다.

인간의 소통 본능으로 줌이라는 온라인 소통 채널은 점차 발전할 것이다. 이런 네트워크에서 꼭 잊지 말아야 할 것은 줌을 통해 보는 것은 나의 고유한 방식이나 프레임이라는 것, 그래서 다른 사람은 또 그 사람 나름의 시각으로 세상을 이해하고 상황을 본다는 사실을 인정하는 일이다.

또 금세 기억이나 관계망에서 떨어져 나가기 쉬운 이 줌 세상에서는 의도적으로 연락을 지속해나가는 노력도 잊지 말아야 한다. 만나지 못하는 상황일수록 소외되기는 더욱

쉽다. 주위에서 혹시 소외된 듯한 사람이 있다면, 사소한 자리일지라도 잊지 않고 챙기는 세심함이 필요한 때이다.

2장 일상 속의 비범

　노트를 사용하는 사람, 일기나 메모를 쓰는 사람, 그리고 매일매일 사진을 찍는 사람들의 삶은 훨씬 더 촘촘하다. 끝없이 반복되는 똑같은 하루라고 해도 시작점을 만들고, 또 내가 정한 정착지에서 나의 수고와 달려온 길을 좀 돌아보고, 나 스스로 귀히 여기며 어루만져주면서, 정돈을 할 수 있어야 한다. 그래야 우리의 평범한 일상에 리듬이 생기고 아름다움이 생겨난다.

　그것이 큰 것일 필요는 없다. 짧은 한 줄의 메모면 어떨까? 한 시간의 산책은 어떨까? 아니면 한잔의 차는 어떨까? 하루에 한 번 특별히 스스로에게 차 한잔을 대접하며, 나는 안녕하냐고 친절히 물어주면 어떨까? 내 삶의 원칙을 가지고 주어진 평범한 하루하루를 살아가는 것, 그것이 일상을 살아가는 가장 비범한 방식이다.

여기 사람이 있어요

　나는 어떤 단어와 사랑에 빠지곤 한다. 골목길, 아스팔트, 정류장, 하늘나라 등등 내가 좋아하는 단어는 헤아릴 수 없이 많다. 어떤 단어는 나의 기억을 소환하고, 어떤 단어는 나의 꿈을 불러들인다. 그리고 또 어떤 단어는 막연한 기대를 심어준다. 예를 들어 '노란 은행잎'이나 '가을'이라고 하면 여고 시절, 중앙청 돌담 옆을 돌아 영추문을 지나 등교하던 어느 가을날의 아침, 혹은 자습 시간에 몰래 빠져나와서 유유히 걷던 서늘한 어느 저녁이 떠오른다.

　요즘 내가 좋아하는 단어는 팔림프세스트palimpsest이다. 양피지에 글을 쓰던 옛날, 수도원에서 필사본을 만들던 수도사들은 이전에 있던 글을 지우고 그 위에 새로운 글을 쓰곤 했다. 팔림프세스트는 그전에 썼던 글씨가 완전히 지워지지 않아 남게 된 자국을 의미한다. 그러니까 팔림프세스트란 삶의 어떤 흔적, 자국 같은 것이다.

요즘 나는 팔림프세스트 찾기에 푹 빠졌다. 나는 매일 산책을 하면서 내가 사는 조그만 동네를 염탐한다. 이 골목의 어떤 집 대문의 칠이 벗겨져서 햇살 아래 빛바랜 색을 온통 드러낼 때 그리고 그 앞에 우편함 가득 밀린 전기세 고지서를 보면서 '이 집에 사는 사람이 고단하구나' 생각도 하고, 음악을 크게 틀어놓고 무어라 이야기하는 소리가 들리는 어느 집 담을 돌면서는 '확실히 남미 계통 사람들이 사는 골목은 아시아계 사람들이 사는 골목보다는 시끄럽구나' 하는 생각을 한다.

이런 나의 관찰 주제와 대상은, 이 집은 몇 가구가 세 들어 사는지, 누가 집 앞을 예쁘게 꾸미는지, 어느 골목집 앞에 앉아 있는 고양이가 성격이 사교적인가에 이르기까지 다양하고 잡다하다. 그리고 그런 것들이 우리 생의 흔적들이라고 나는 생각한다. 그렇게 팔림프세스트가 보이는 순간에는 온몸으로 기쁨을 느낀다.

언젠가 뉴욕에 사는 한 자매님의 집에 머문 적이 있다. 아주 정갈한 집이었는데 내 잠자리가 마련된 방에 들어가 보니 앉는 자리에 빨간 보료가 깔려 있었다. 지금은 어디 가서 구하려 해도 구하기 힘든 그 빨간 팔림프세스트를 보면서, 갑자기 이 이민 가정의 삶과 그 어려웠을 시간의 정서가 훅 하고 느껴졌다. 그와 동시에 내가 한국에 두고 온 삶의 한 조각을 만난 것처럼 무척 정겨웠다.

나는 거리를 산책하다 누군가가 버린 브라운관 TV나 구형 프린터, 주전자 같은 길 위에 놓인 사적인 것들을 보다 보면, 호기심이 발동한다.

나처럼 대도시의 어느 골목길을 서성인 사람이 또 있다. 사람이 살아가는 거주 공간, 그리고 그 사회의 역사와 현실을 담은 공적인 공간으로서 도시를 연구한 발터 벤야민 Walter Benjamin이다. 유대계 독일인으로서 파리를 사랑했던 그는, 나그네로 떠돌다가 나치를 피해 스페인으로 입국하려다 실패하자 스스로 목숨을 끊었다.

그는 살아생전에 도시에 대한 다양한 글을 썼다. 내가 그의 글을 좋아하는 이유는 그의 글에는 사적인 느낌, 그러니까 아주 사소하고 무어라 말할 수 없는 세밀함과 시적인 정교함이 있기 때문이다. 그를 마르크스주의자, 혹은 단순한 문예 비평가라고 하기엔 그의 글에는 느낌과 정서가 진하게 묻어 있다. 일상을 시각화해서 도시를 보고 싶어 했던 벤야민은 글을 쓰는 사람들에게 사진을 찍을 것을 권유하기도 했다.*

벤야민은 특히 대도시, 모스크바, 파리, 베를린과 같은 대도시를 산책했다. 인간의 의지 혹은 지성, 그리고 과학의 성공 신화를 과시하려는 대도시의 어느 골목길을 서성이며, 그는 도시의 어느 세련되지 못하고 아직 누추하며 여전히 과거의 삶을 재현하는 순간들을 기록했다. 그러면서 도시는 대중이 소비나 유행이라는 지루한 영구성을 유지하면서 익명성을 전제로 타인의 아픔을 냉담하고 철저하게 배제한다고 주장한다.** 그가 가난한 자들을 애정한 것은 아니더라도, 그의 섬세한 시선은 가난한 주정뱅이, 걸인, 그리고 창녀에게 머물렀다.

사실 가난한 사람들의 모습은 감추어져 있어, 눈여겨보지 않으면 잘 볼 수 없다. 온갖 물질이 모인 도시의 구석구석에는 사람들의 욕망이 일렁인다. 하지만 그 도시를 가만히 들여다보면, 잘 지어진 건물 사이에 가난으로 몸과 마음이 부서져버린 사람들, 술주정뱅이, 그리고 마스크조차 쓰지 못하는 남루한 삶들이 여기저기에 널브러져 있다. 이번

---

* 그램 질로크, 《발터 벤야민과 메트로폴리스》, 노병우 옮김, 효형 출판, 58-59쪽.
** 위의 책, 287-288쪽.

코로나로 미국에서는 모두 집에 머물러야 한다는 명령이 선포되었는데, 나는 이 명령에서조차 행려자들은 배제한다는 조항에 깜짝 놀랐다. 세상 아름답다고 하는 파리의 뒷골목도 찬찬히 들여다보면 어김없이 알코올 중독자가 있고, 성과 몸을 파는 가난한 여성들이 있고, 남루한 옷을 입은 어린이들이 있다. 그뿐 아니다. 집시들과 고향에서 내몰린 사람들도 많다.

수년 전 일이다. 파리를 걸어 다니다 지친 나는 노천 카페에서 애플 사이다를 마시고 있었는데, 갑자기 한 노숙인이 카페에 앉아 있는 사람들을 향해 아랫도리를 내리고 오줌을 누었다. 나는 무척 당황했지만, 집이 없고 또 어디 들어가서 기본 배설을 할 수 없던 한 인간이, 다른 인간들에게 잔인한 도시의 얼굴을 이야기하는 것 같았다. 파리는 가만보면 에펠탑부터 금테를 두른 건물들까지 노골적으로 제국주의적 위압감을 드러낸다. 그래서인가 난 오줌을 갈기는 그 노숙인을 보고 약간의 쾌감을 느꼈다.

또 벤야민의 글에는 제1차 세계대전 후의 나폴리에는 공적인 공간과 사적인 공간의 분리가 사라져, 사생활이 드러난 삶의 잔해들로 가득했다는 재미있는 관찰이 적혀 있다. 반면 현대 도시의 개인적인 삶은 실내외로 구분되고 있다. 그런데 그 와중에 창밖으로 삐죽이 나온 옷가지들이나 널어놓은 빨래를 보면, 나는 마음이 뭉클해진다. 그 삐죽이 나온 옷소매는 평범한 모습을 한 무덤덤한 집에 개성을 부여한다. 새로 칠을 하지 않아 벗겨진 우편함이나 철 계단이 왠지 반갑다. 그런 곳들을 지날 때마다 '그래, 이 집이 원래 저렇게 칠이 다 벗겨져서 낡은 멋을 보여주었지' 하는 생각을 한다.

산책하다 우연히 보게 된 창이 보이는 저 집도 어떤 가족이 사는 보금자리이고, 그 안에서 어떤 아이는 숙제를 할 거고, 어떤 노인은 과거를 기억할 거란 생각을 하면, 갑자기 모든 사람이 살아가는 일상이 별처럼 빛나는 것 같다.

돈이나 명예, 성공 같은 것을 잠깐 내려놓고 조금 가난해도 품위를 잃지 않고 지내다, 가능한 한 자국을 조금 남기고 사라져주는 것이 가장 큰 야심이란 생각이 드는 것도 산책을 하는 때이다.

　나 좀 보라고 소리 지르지 않고, 조용히 작은 생명으로 기쁘게 살다 가만히 떠나는 사람, 최소한의 연민과 넉넉한 존중을 가지고 이웃을 대하는 사람, 마음 아픈 자의 눈을 가만 들여다볼 줄 아는 사람, 이 모든 미덕을 고요히 가질 줄 아는 사람으로 살고 싶다. 이런 마음이 넘쳐흐르는 것도 느릿하게 산책할 때이다.

　나는 팬데믹 덕분에 산책을 더욱 규칙적으로 하게 되었다. 산책은 무슨 심오한 철학적 생각을 하는 것이라기보다는 생각지 못한 사물과 대상의 아름다움에 사로잡히는 그런 모험 같은 것이다. 산책하다 보면, 그리고 잠시 눈을 들어 하늘의 뜬구름을 보다 보면, 인생은 정말 잠깐이란 생각을 하게 된다. 그리고 각자 다르게 이 세상을 보고 느끼고 간다고 생각하면 아찔한 현기증이 느껴진다.

　어떤 사람에게 세상은 아름다운 것이고 또 어떤 사람에게 세상은 두려운 것이다. 그것은 성장한 환경의 탓일 수도 있고 개인의 성격 탓일 수도 있다. 같은 곳을 바라보아도, 같은 사건을 경험하여도, 느끼고 체험하는 방식은 다 다르다. 그러니 최소한 내 방식에서 조금이라도 벗어날 수 있다면 그리고 타인의 방식을 조금이라도 배울 수 있다면, 내 일상은 풍부해질 수 있다.

산책을 하다 보면 내가 경험하는 세계가 그저 수억의 세계 중 하나일지 모른다는, 그래서 조금은 내 삶과 거리가 생길 수도 있을 거라는 생각이 종종 들곤 한다. 내가 가장 좋아하는 단어로, 동네 산책도 써두어야겠다.

아리스토텔레스와 그의 친구들도 다름 아닌 산책을 하며, 주로 삶의 태도나 진리에 대해 대화를 나누면서 철학적 사상을 발전시켰다. 그래서 그들은 소요학파 혹은 페리파토스학파Peripatetic school라 불렸다. 나는 특히 '소요한다'는 개념을 좋아하는데, '페리peri'의 어근을 보면 대로나 중심이 아니라 주변이란 뜻이 담겨 있다. 그러니까 무슨 아주 중요하고 보편적인 거대 담론을 만들어가거나 이끌어간다는 태도가 아니라 주변에서 조심스럽게 자신들의 이야기를 나누고 함께 사고한다는 뜻이다.

사실 중고등학교 교과서에 나오던, 서구의 철학이 시작된 도시국가들은 내겐 거의 초현실적인 이상적인 국가로 느껴졌다. 하지만 다시 생각해보면, 그 도시국가들은 상당히 편협한 세계관을 가진 배타적인 공동체였다. 노예제도가 있던 계급 사회였고, 외국인에게는 참정권을 주지 않았다. 델포이 신탁으로 유명한 아폴로 신전에 가보면, '옴팔로스Omphalos'라는 세상의 배꼽이라 불리는 돌이 있다. 결국 그리스인들은 이곳에서 인류가 자연 상태에서 탯줄을 끊고 문명을 시작했다고 보며, 이곳이 세상의 중심이고 시작이라고 해석한다. 고대 지중해 지역에서 바라본 세상에는 아시아, 미국 혹은 태평양의 섬들이 있을 리 없었다.

고대 그리스에도 그리스 사람들과는 다른 언어를 사용하고 다른 사고를 하는 사람들, 외국인이 거주했다. '이방인'을 지칭하는 그리스어는 '제노스Xenos'로, 이상한 혹은 새로운 사람, 즉 타자를 의미한다. 그리고 제노스란 단어에는 자기들과 같은 언어를 사용하지 못하는 사람들을 향한 멸시가 담겨 있다. 그래서 외국인 혐오증을 뜻하는 '제노포비아Xenophobia'란 단어가 이 제노스에서 파생되기도 했다. 재미있는 것은 미국인들은 알아들을 수 없는 소리를 하는 사람에게 "잇 사운즈 그릭 투 미(It sounds Greek to me)", 즉 '나한테는 그리스말로 들린다'고 이야기하는데, 나는 이 말이 세상의 중심이 그리스가 아니라는 것을 반증하는 말처럼 들렸다.

아테네 귀족 출신이었던 플라톤은 '아카데미아'라는 학원을 소유했고, 그 건물이 인류 최초의 대학이라고 한다. 아테네 출신이 아닌 외국인이었던 아리스토텔레스가 주변의 길을 걸으며 삶을 이야기한 것은 어쩌면 당연한 일이다.

아리스토텔레스 사상의 핵심은 움직임이다. 현상을 관찰하는 상당히 구체적인 방법론을 기초로 하며 중용과 선을 추구하는 실천 철학이다. 그의 삶이 계속되는 주유에 있고 그의 철학이 길 위에서 세워진 것이기 때문에 그럴지도 모른다는 생각이 든다. 그래서일까. 타국에서 학생들을 가르치며 사는 나에겐 주변부를 걸으면서 삶의 태도를 가르치는 스승이었던 아리스토텔레스가 어쩐지 가깝게 느껴진다.

예수 그리스도의 사상도 길 위에서 설파되었다. 성서를 보면 예수님도 길 위에서 제자들과 많은 이야기를 나누었다. 물론 길 위에서 가르치는 것이 더 좋다고 말할 수는 없지만, 나도 이렇게 누군가와 길 위에서 대화를 나누면서 삶의 의미를 배우고 싶다.

평화와 비폭력 정신

수도원에는 시간에 리듬을 만드는 기술이 있다. 지금도 미국 켄터키주 루이빌에 있는 겟세마니 수도원에 가보면 고요함 속에도 움직임이 느껴지고 질서도 존재한다. 기도 종소리에 맞추어 성당으로 들어서는 늙은 수사들의 걸음에서 리듬 있는 시간을 살아온 사람의 절제와 가벼움이 느껴진다. 기도가 시작되면 수사들은 나이 든 순서대로 성당으로 걸어와서는 제대에 절을 하고, 자기들의 기도 자리에 가서 선다. 젊은 수사들은 주로 똑바로 앞을 바라보며 멋지게 걸어 들어오는데, 할아버지들은 좀 다르다. 각 잡고 똑바로 걸어 들어오는 대신 뒤뚱거리거나 절룩거리면서 들어와 제대에 입술을 댄다.

이 수도원은 《칠층산》으로 전 세계에 잘 알려진 토머스 머튼Thomas Merton이 살던 곳이기도 하다. 그는 거칠고 절제를 모르던 젊은 시절을 뒤로 하고, 중후한 나이에 질서 정연한 침묵의 리듬으로 들어갔다. 토마스 머튼 수사의 일상은 열심히 쓴 글들과 편지들로 빼곡히 채워졌다.

나는 특히 그의 사진을 무척 좋아하는데, 흑백으로 찍은 그의 사진들을 보면 그가 관찰하는 눈길, 기도하는 시선이 바로 느껴진다. 아침의 빛을 받은 나무들이나 기도소의 벽을 찍은 사진을 보면, 나에게 그가 기도하는 수도원 가까이 숲속 그의 기도처로 오라고 속삭이는 듯하다.*

엄중한 규율로 이루어진 수도원에서는 서로 이야기하지 않으면서도 서로 시간에 맞추어 침묵하고, 노동하고, 그리고 함께 기도한다. 젊은 수도사로서 토마스 머튼은 세상을 떠나서 가난한 삶 속에, 기도의 삶 속에 잠기고 싶어 했다.

1958년의 어느 봄날, 병원에 가기 위해 거리로 나온 그는 사람들이 사는 세상에 대한 새로움을 경험한다. 그는 그 신비로운 경험으로 자신이 얼마나 거리의 사람들을 사랑하는지, 토마스 머튼 자신은 그들의 것이자 그들은 그의 것이라 생각했다고 한다.

그 순간, 그는 세상을 떠난 수도자가 아니라 세상과 함께 아파하고 정의를 위해 고민하는 수도자가 되었다. 인종 차별이 심한 남부의 도시를 지나면서, 그는 사람이란 결국 모두 형제라는 것, 인종과 성별, 교육이나 경제 수준으로 나누어 생각할 수 없음을 온몸으로 깨달았다. 그리고 정의와

---

* John Howard Griffin, *A Hidden Wholenss: The Visual World of Thomas Merton*(New York: Houghton Mifflin, 1979).

평화 문제에 대해 고민하고 행동했다.

그의 영성이 아름다운 것은 인간에 대한 사랑이 사회 정의를 위해 싸우는 현장을 기억하는 것으로 드러나는 데 있다. 그는 정의를 이루기 위해 폭력을 사용하거나 생명을 훼손하는 것에 강력히 반대하면서, 결국 사회를 변화시키려는 노력에 절대적인 평화와 비폭력 정신이 필수 불가결한 요소임을 강조한다.*

일상을 꽉 채워 살아가기

시간은 우리 손 위에 놓인 모래처럼 줄줄 새어 나간다. 인생은 연기처럼 사라지는 것에 불과하다. 그리고 이렇게 주어진 삶을 각자 자기의 방식대로 살아간다. 우리는 누군가를 사랑하고 또 미워하지만, 시간이 지나 보면 사실 상대에 대해 잘 알지 못했음을 깨닫는다. 그렇게 몇 번만 반복하다 보면 인생이 짧게만 느껴진다. 인생을 길게 살 방법이 있

---

* John Dear, Thomas Merton, *Peacemaker: Meditations on Merton, Peacemaking, and the Spiritual Life*(Maryknoll, NY: Orbis Books, 2015), 11-16.

을까?

사람들은 기억되는 삶을 이야기했고, 혹은 영생은 여기가 아닌 저세상이라고 이야기했다. 또 줄기세포 연구를 비롯한 많은 의학 기술의 발전은 인간에게 영원히 사는 삶을 암시한다. 하지만 인생을 과연 그런 양적인 시간의 연장으로 간주할 수 있을까? 오히려 어떻게 우리에게 주어진 삶과 시간을 촘촘히, 그리고 재미있게 꾸려 가면 좋을지 생각하는 것이 중요하다. 그런 면에서, 칸트는 자기의 삶을 참 촘촘하게 사용한 사람이란 생각이 든다.

계몽주의 시대의 철학자로, 인식하는 법을 이야기했던 칸트는 하루도 빠짐없이 같은 시간에 산책했기 때문에, 동네 사람들은 시계를 보지 않고 걸어가는 칸트만 보아도 시간을 알 수 있을 정도였다고 한다. 그는 단정했을 것 같다. 같은 시간에 자기 시간을 그렇게 매일 할애하는 사람은 자기의 내면이 단정한 사람이다.

칸트처럼 일상을 속이 꽉 찬 배추처럼 촘촘하게 살아가는 일은 먼저 나를 아는 데서 출발한다. 하루에 몇 시간 정도를 쉬어야 나는 내가 만나는 사람에게 좋은 에너지를 줄 수 있을까? 열심히 일하고, 밤을 새우고 나서 새벽 동이 터오는 것을 보며 달려가는 삶이 20대의 나의 삶이었다면, 50대의 나는 저녁 이후로는 커피를 마시지 않으며 일찍 쉬어야 한다. 밤에 글을 읽으면 눈이 피곤해서 힘드니까, 빛이 있는 동안에만 글을 읽는다. 이렇게 나의 상태를 알고 우선순위에 내 시간을 맞추어 배분해야 한다.

온종일 아이를 키우는 엄마라면 아이가 낮잠을 자는 시간에 혹은 유치원에 가 있는 시간에 내가 나를 돌보는 일을 해야만 한다. 직장을 다니며 자녀를 키우는 바쁜 엄마일수록, 이기적일 만큼 자기를 돌보는 시간을 찾아 차를 마시며, 손가락 사이로 빠져나가버리는 일상을 손안에 쥐어보아야 한다.

그리고 내게 주어진 생의 고유함을 내가 먼저 감상하기 시작해야 한다. 누구와 누구를 비교할 것도 없고, 경쟁할 필요도 없다. 루이스 하이드는 그의 책 《선물》에서 현대인의 가장 큰 비애는 남들과 경쟁하여 타인의 것을 빼앗을 때 내 삶이 풍요해진다고 생각하는 것이라고 이야기한다. 인생은 서로 비교할 수 있는 것이 아니다. 그것은 계속 바뀌어간다. 그렇기 때문에 그저 매 순간 약간의 거리를 두고, 그 아름다움을 감상해야 하는 것이다.

언젠가 우리 수녀원의 한 수녀님이 내게 말했다. "넘어

져도 좋습니다. 넘어질 때 넘어지더라도 아름답게 넘어지세요."

일상에서 만나는 아름다움은 우리에게 깊은 삶의 신비로 시선을 돌리게 한다. 그렇다면 나는 하루 중 어떤 순간을 좋아하는가 한번 적어보기로 한다. 이른 아침에 일어나 검은 구름을 헤치고 나오는 빛을 바라볼 때, 부엌의 식탁에 앉아 하루의 첫 커피를 내릴 때, 그리고 그 커피 향이 집 안을 가득 채울 때, 옆집의 강아지가 내게 반갑다고 격하게 인사할 때, 나무의 새로운 얼굴이 보일 때, 누군가 친절하게 아침 인사를 할 때 내가 만나는 일상은 아름다워진다.

오늘 해야 할 일들을 적고, 그 중간 쉬는 시간을 상상할 때, 친구와 반가운 통화를 할 때, 책을 읽다 마음에 드는 문장에 줄을 치고 노트에 옮겨 적을 때, 갑자기 하늘이 흐려지고 빗방울이 창문을 두드릴 때, 그리고 내가 좋아하는 수업을 하고 나올 때, 내 일상은 활기를 찾는다.

싫은 사람과의 갈등은 되도록이면 피하는 대신 길가에 나서서 나무의 향기를 맡을 때, 너무 일에만 파묻혀 있지 않고 다른 쪽으로 일부러 시선을 돌릴 때, 해가 질 무렵 어느 집에선가 매캐한 연기 냄새가 날 때, 혹은 늦게 서둘러 집에 돌아오는 길에 우연히 하늘을 봤는데 별이 반짝거릴 때, 내 일상은 내가 이 세상에 잠시 머무는 나그네이니 잠시 숨을 좀 돌리라고 나의 등을 토닥거린다.

시간 가는 줄 모르고 열심히 공부했을 때, 부엌 바닥을 열심히 닦아내어서 부엌이 예뻐졌을 때, 책장을 비우고 공간을 만들어낼 때, 내가 아는 힘든 사람들, 아름다운 사람들, 슬픈 사람들, 그리고 아픈 사람들을 위해 축복할 때, 내일이 오리라는 희망으로 단잠을 잘 때, 수업을 마치고 미사에 늦어 뛰어갈 때, 길에서 만나는 불운한 사람에게 선뜻 내하루 용돈을 따스한 마음으로 건넬 때, 내 일상은 깊은 기도를 하지 않아도 기도가 된다.

어릴 때 나의 꿈은 무엇이었던가를 생각해본다. 초등학교 때는 초등학교 선생님이 세상에서 가장 좋은 직업으로 보였던 것 같다. 중학생 때는 시인이 되고 싶었다. 물론 그꿈은 너무 막연했고, 또 실현 가능성도 없었다. 그래도 나는 무턱대고 장래 희망란에 꼭 시인을 적었다. 그리고 고등학생 때는 매일 시를 적어서 교복 주머니에 넣고 외우면서 등교했다. 일부러 돌아가는 버스를 타고 맨 뒤에 앉아 흔들리는 세상을 보면서 시를 외우면 그렇게 행복했다. 하지만 나는 알고 있었다. 나는 앞으로도 시인이 될 수 없는, 그저 시를 좋아하는 사람이라는 것을.

　지금의 나는 일상을 비범하게 살아가는 사람들을 시인이라고 부른다. 사회적 시인은 일상에서 고통받는 다른 인간에게 인사할 줄 아는 사람이라서, 언어의 연금술사가 되지 않아도 된다. 그저 인간이 인간에게 예의를 갖출 줄 알고, 나의 일상을 충만하게 느끼고 지구의 모든 이들이, 서로 느끼는 결은 다르더라도, 저마다의 충만한 일상을 살아가기를 바라고 소망해야 한다. 우리는 비범한 일상에서 사람 냄새 나는 시를 노래해야 한다. 조금은 낮은 마음으로.

3장 불확실한 시대의 슬기로운 생활

사람은 일관된 것을 좋아한다. 그래서 사람을 칭찬하는 가장 좋은 말 중 하나는 아마도 '한결같은 사람'일지도 모른다. 나도 살면서 참 많은 사람을 만나보았지만 나를 가장 힘들게 했던 사람은 일관성 없는 태도를 지닌 사람이었다. 하지만 그럼 나는 과연 얼마나 남에게 일관된 사람인가 생각해보면, 나 또한 그렇지 못하다는 반성을 하게 된다.

확실한 것은 없다

처음에는 엄청 친근하게 다가와서 친한 친구가 될 듯하다가 어느 날 갑자기 사라지는 사람도 있었고, 함께 무언가를 도모해놓고, 다음 행동을 전혀 취하지 않는 사람도 있었다. 그럴 때는 참 '이 사람 실없는 사람이구나. 다시는 이 사람과 일을 하지 말아야겠다'고 다짐하게 된다.

그러다가도 '누군가에게 난 변덕 부리지 않는 충실한 사람일까?' '어느 날 누군가와의 관계가 버거워서 그 손을 놓아버린 적은 없었나?' 이런 생각을 하다 보면 나도 확실한 신뢰를 줄 만한 사람은 아니라는 걸 인정하게 된다.

우리가 일관성을 좋아한다는 건 변하지 않기를 원한다는 의미다. 사실 우리 삶의 모든 것은, 설사 내 눈엔 그대로인 듯 익숙해 보인다고 하더라도, 결코 같을 수 없다. 철학자 헤라클레이토스가 한 명언을 떠올려본다. "누구도 같은 강물에 발을 두 번 담글 수 없다." 헤라클레이토스에게 세상이란 계속 움직이고 변하는 곳이기에 처음부터 변하지 않는 것을 기대하는 것 자체가 어리석다는 의미일 것이다. 오랜 옛날에 살았던 이 그리스인이야말로 삶의 진리를 가장 정확히 꿰뚫어 본 사람 같다.

이 진리는 나 자신에게 대입해보아도 명확해진다. 내가 바라보는 모든 대상은 계속 변하고 나 역시 매 순간 변한다. 나는 내 눈에 눈부시게 아름답던 젊은 누군가가 세월이 흘러 더 이상 아름답지 않을 때 커다란 상실감을 느꼈다. 내가 기억하는 아름다운 그 사람은 시간이 지나 변했을까, 아니면 아름다운 사람에 대한 나의 시각이 변했을까, 혹시 둘 다 변했을까?

미래를 생각할 때 우리는, 마치 우리가 항상 미래를 계획할 수 있고 그 계획은 반드시 실행된다고 쉽게 가정한다. 하지만 그러려면 세상은 멈추어 서 있어야 하고, 이 세상의 모든 것을 '1+1=2'와 같은 공식으로 정의할 수 있어야 한다. 즉 우연성을 배제한다는 것이다.

확실하다고 생각했던 무엇이든 불확실하게 변하는 요즘, 많은 사람이 자기 앞에 놓인 삶의 본질을 놓고, 두려움,

강박, 우울을 호소한다. 그렇다면 우리는 변화를 받아들이고 일관성을 흩트린 이 불확실성이 무엇인지, 이 불확실한 시대를 어떻게 살아가야 하는지 고민하지 않을 수 없다. 이제 '영원함' '확실성' 같은 단어들은 고집하지 말아야 한다.

어떤 면에서 우리는 우리가 사는 세상이 영원하다고, 그리고 우리가 해야 하는 어떤 규율을 지키기만 하면 안전하게 살 수 있다는 근거 없는 믿음을 가지고, 그 믿음을 또 새로운 세대에게 가르친다. 그리고 어른이 되어가면서, 그것이 삶의 진리가 아니라고 느낄 때쯤에는 그 불편한 진실을 듣고 싶어 하지 않는다.

그래서 사람들은 '이렇게만 하면 너의 인생은 성공한다'는 책들에 열광한다. 요즘은 마치 남이 만들어준 포장 음식을 사는 것처럼, '팬데믹 후 돈을 많이 버는 법' '사람들을 사로잡는 말투' '오십 이후에 잘사는 법' 같은 책들이 잘 팔린다. 마치 뚜껑을 열고 더운물만 부으면 되는 컵라면처럼, 전자레인지에 넣어 버튼을 누르기만 하면 되는 밀키트처럼, 이렇게 하면 안전하고 성공적이라는 마법의 주문이 쏟아져 나온다. 하지만 우연성 위에 서 있는 삶의 진실을 외면하는 그런 삶은 공허하다. 결국 삶의 진정성은 삶이 불확실성에 기인한다는 진리를 받아들이고 나면 드러나기 마련이다.

그런데 불확실성이란 무엇일까? 불확실성을 규정하는 여러 가지 특징 중, 한시성을 놓칠 수 없다. 한시성이란 영원하지 않다는 것이다. 영원하지 않다는 것은, 인간의 생애에는 마치는 순간이 있고 죽음이 함께 깃든다는 아주 불편한 진실을 의미한다.

각자의 삶의 질은 이 죽음을 대하는 태도에 따라 달라진다. 영원히 살 것처럼, 자신의 한계나 불확실성을 생각하고 싶지 않은 것은 어쩌면 인간의 본성이다. 죽음을 생각하면 불안한 것이 당연하다. 인간은 사후세계를 전혀 알 수 없기 때문이다.

우리가 살면서 느끼는 삶의 무게란 주어진 시간 속에서 확실하지 않은 지금 생을 어떻게 살아갈 것인가 하는 의문의 무게일지도 모른다.

신들의 싸움이라고 볼 수 있는 트로이 전쟁을 인간적인 관점에서 해석한 영화 〈트로이〉에는 주옥같은 대사들이 많이 나온다. 그중 내가 가장 좋아하는 대사는 아킬레스가 한 말이다. "신들은 인간을 질투하지. 우리는 죽는 존재니까.

삶의 그 어떤 순간도 마지막이 될 수 있어. 그래서 더욱 아름다워. 너는 지금보다 더 아름다울 수 없어. 우리는 이곳에 다시 올 수 없어."

내가 늘 마음 속에 간직하고 있는 이 대사는 인생이 영원하지 않다는 것, 한 번을 살아가는 인간의 생애에는 신에게는 없는 불꽃같은 순간들이 있다는 것, 그래서 인간의 생이 신의 생보다 의미 있고 더 아름답다고 말한다. 끝이 존재하는 우리 생을 지금, 현재, 그리고 여기라는 순간의 아름다움을 사는 특권으로 표현한 것이다.

싯타르타라는 인도의 왕자는 삶의 불확실성에 대한 질문이 배제된 인위적인 공간 속에 살고 있었다. 그의 아버지는 그가 질문하지 않는 삶을 살아가길 바랐다. 그러나 어느 날 그는 늙음과 병듦, 죽음, 그리고 수행을 하는 수도승을 보고 왜 삶은 변하는가에 대한 답을 얻기 위해 출가를 결심한다. 그리고 그는 인간의 생로병사라는 필연적인 조건을 고통이라 보았고, 이를 '두까Dukkha'라고 불렀다. 이 두까는 산스크리트어로 인간의 조건 자체인 고통, 삶을 통제하고 삶이 통제되며 따르는 좌절, 그리고 모든 만물은 변하고 소멸한다는 진리와 마주하는 아픔까지도 의미한다.

두까는 불가의 기본 가르침인 사성제의 첫째 가르침이다. 사성제란 노블 트루스the noble truth라고 부르는 네 가지 생의 진실인데, 첫째는 인생은 고통이고, 둘째는 그 고통은 집착에서 온다는 것이다. 셋째는 번뇌를 멈추어야 한다는 것이고, 넷째는 영적 훈련을 통해 열반을 얻는다는 것으로 요약할 수 있다. 이 가르침은 얼핏 보면 세상에 너무 부정적으로 접근하는 것이 아닌가 하는 생각이 들 수도 있다. 그러나 사실 이 가르침은 삶은 영원하지 않다는 진실을 담담히 말해줄 뿐, 부정적인 것도 긍정적인 것도 아니다.* 다만 이 진실을 마주하는 우리의 태도만이 우리 스스로를 부정적이게도 하고, 긍정적이게도 할 뿐이다.

둘째, 불확실성이란 그저 삶의 본질적 요소여서 늘 삶 안에 존재한다. 사람들은 코로나바이러스가 새로운 시대를 여는 신호탄이 될 거라고 이야기했고 실제로도 그렇다. 코로나 시대 이후를 예측하는 서적들도 코로나 시대 전에 이미 우리에게 와 있던 생활 패턴의 변화가 더 빨리 실현된다며 공통된 주장을 했다.

---

* "Dukkha," at https://encyclopediaofbuddhism.org/wiki/Dukkha, accessed on 2020, 12, 7.

빌 게이츠는 미국 CNN과의 인터뷰에서 팬데믹을 우려하며 결국 경제가 붕괴될 것이라고 예측하면서 백신 개발의 중요성을 언급했다. 그는 환경의 변화로 또 다른 팬데믹이 올 가능성이 높다고 이야기했다. 그러나 누구도 어떻게 삶이 변화하게 될지 정확한 답은 모른다. 그런 면에서 코로나 시대는 불확실성을 그대로 떠안은 시대 혹은 불확실성이라는 삶의 진실을 또렷이 목도한 시대라고 볼 수 있다.

코로나로 많은 사람이 2년 넘게 재택근무에 들어갔고, 이 작업 형태가 훨씬 효율적이라는 것을 깨달은 여러 기업에서 재택근무를 지속하기로 했다. 사무실 대여비와 관리비를 절감하고, 그 비용으로 새로운 사업 내용을 추진하려 한다. 그러면 도시를 중심으로 개발되어온 모든 사회 경제 문화도 차츰 변화할 것이다. 사람들은 지방으로 분산될 것이고, 비싼 건물들은 다른 용도로 사용될 것이다. 이미 샌프란시스코의 많은 오피스 공간이 거주 공간으로 바뀌고 있다. 사람들은 이렇게 계속 팬데믹이 지속된다면 경제가 붕괴될 거라고 예언을 한다.

나는 매일 산책하면서 우리 동네가 변해가는 모습을 바라본다. 월세를 내지 못하는 사람들이 집을 비우고 떠나면서 빈집이 늘었다. 새로운 집주인은 그 자리에 멋진 집을 지었다. 가난한 사람들이 떠밀려 나간다. 간혹 아직 초라하게 남아 있는 집들은 그래서 내게 더욱 위안이 된다.

아마도 우리는 정말로 아마도 호된 가난과 소외, 폭력, 그리고 질병의 시기를 보내게 될 것이다. 그러나 사실 어떻게 그리고 얼마나 그런 시기를 보낼지는 알지 못한다. 이윤과 기술과 그 어떤 완벽한 체계도 불확실성이란 삶의 진실을 다 가리지는 못한다. 불확실성이란 그저 삶의 본질적 요소여서 늘 삶 안에 존재하는 것이니 그렇다면 불확실한 시대에 내가 혹은 우리 인류가 그 시대에 익히고 배워야 할 것이 무엇인가가 더 문제가 아닐까. 그렇다면 이 불확실한 21세기, 글로벌 공동체의 가난과 슬픔이 외면당하는 시대에 나는 인간으로서 어떻게 살아야 하는지 다시 한번 생각해야 한다.

슬기로운 생활을 위한 지침

내가 '엄친아'라는 말을 처음 들었을 때, 참 놀라운 단어라고 생각했다. 우리는 엄마 친구 아들이란 그 알 수 없는 익명의 누구와 사정없이 비교당한다. 엄친아라고 하는 그 누구는, 공부면 공부, 인물이면 인물, 운동이면 운동, 그 어떤 면에서도 언제나 나보다 앞서 있는 존재이다. 그래서 우리를 왜소하게 하고 침울하게 한다.

우리는 살면서 '남들은 다 사는 일정 수준의 보편적인 삶이 있으며, 나도 남들처럼 그 인생을 산다'라고 말하고 싶은 욕구를 느낀다. 그런데 그 남들은 도대체 누구일까? 실체가 있기는 할까? '남들처럼'의 남들은 늘 성공하고, 늘 예의 바르며, 늘 결혼을 잘하고, 늘 좋은 직장을 다닌다. 미지의 그들은 기대치의 총합인 시그마 같은 존재가 되어 우리와 우리의 어머니를 괴롭힌다.

실제로, 우리를 사정없이 공격해대는 그들은 누구일까? 나는 그들을 '엄친아'라 쓰고 '무한대의 불가능'이라 읽는다. 밑도 끝도 없는 이들의 성공 신화와 경쟁해서 이길 수 있는 자는 아무도 없기 때문이다.

나의 생이란 내 앞에 놓인 공간과 내가 존재하는 시간 안에서만 존재한다. 남들과 같은 인생 혹은 평범한 인생이란 존재하지 않으며, 이런저런 수식어가 붙은 삶이 더 아름답다거나 의미 있다거나 할 이유도 없다. 이를 깨달으면 내가 보고 겪고 구성하는 모든 것이 그저 나의 삶을 이루어 간다는 것을 알게 된다.

나는 가끔 내가 가르치는 학교에서 무언가 어려운 상황에 직면하면 주변 사람들을 둘러본다. 같은 일에 대해, 학생들의 입장이 다르고 교수단의 입장이 다르며 행정 근무자들의 입장은 더더욱 다르다. 어떤 사람은 분노하고, 어떤 사람은 두려워하며, 또 어떤 사람은 대뜸 다른 사람들을 가르치려 든다. 다르다는 것을 생각하면 한 개인이 하나의 우주라는 생각이 든다. 정말 각자가 삶의 결을 다르게 만지고 살아가고 있다.

나라는 사람을 생각해볼 때도 나의 성격과 인품은 20세기와 21세기에 걸친, 그리고 한국과 미국이라는 두 문화 사이의 어떤 경계 안에서 형성된다는 사실을 간과할 수 없다. 나의 삶은 아프리카 콩고에서 나고 자라 지금 농민 운동을 하는 내 친구 '카프'나, 중앙아시아 사막 근처 어느 마을에서 나고 자란 내 친구 '우닝'의 삶과는 다른 것일 수밖에 없다. 인생의 어느 시점에 만나서 깊이 이야기를 나누고 사랑하던 친구들이었지만, 각자의 생은 물리적으로나 심적으로나 다른 위치에 서 있다. 어떤 삶이 더 진정성 있다거나 더 좋다고 결코 말할 수 없다. 앞으로도 우리는 점점 더 다른 길을 향할 것이다.

　요즘처럼 많은 것이 빠르게 변해가는 세상에서, 어떻게 살아야 하는지에 대한 답은 다양하고 불분명하다. 어떤 훌륭한 철학자의 가르침도 결국은 그가 살았던 시간과 공간에서 연유하기 때문이다. 더구나 이 글로벌 시대에는 여러 다른 삶의 방식들이 바로 눈앞에 보인다. 이전에는 한국 사회는 '이런 사회다'라고 못 박으면 그만이었지만, 요즘에는 모든 다양한 가치들이 서로 목소리를 높인다. 그렇다면 내가 어떤 가치관을 선택할 것인가 결정하기 전에, 다양한 시선과 목소리 속에서 나의 고유한 위치를 찾아내는 작업이 반드시 선행되어야 한다.

　언젠가 한국에 사는 친구와 긴 전화통화를 한 적이 있다. 그는 "지금 김수영 평전을 읽는데, 어쩜 이렇게 천재적인 사람이 살았던 세상은 그토록 그에게 모질었을까 하는 생각을 했어"라고 천천히 말했다. 전화를 끊고 나서, 나는 그런 천재적인 슬픈 사람들의 삶을 나열하기 시작했다. 이상, 나혜석, 김명순, 그리고 윤동주를 생각했다. 일제강점기에 태어난 예술가의 슬픈 영혼들을.

하지만 이분들이 지금 태어나서 자랐다면, 그리고 이분들이 한국 사람이 아니었다면, 그 깊은 글도 감동을 주는 아픔도 없었을 것이다. 그렇게 우리 각자에게는 고유한 삶이 존재한다. 우리 삶의 시간 속에 놓인 아픔과 기쁨에 감응하면서 말이다. 그러니 갑자기 우리 앞에 다가선 불확실한 시대에 우리가 선행해야 할 일은 '나는 어디에 서 있고, 그래서 어떤 삶을 살 때 나로서 가장 의미가 있는지'를 숙고하고 발견하는 일이다.

우리는 총체적인 우리의 모습을 볼 수 없었다. "지구는 둥그니까 자꾸 걸어 나가면, 온 세상 어린이를 다 만나고 오겠네"라는 노래처럼, 우리는 우주에서 보면 조그마한 하나의 별에 살고 있다. 그나마 우리가 한 별에 사는 지구촌 사람이라는 것을 처음 자각하기 시작한 것은 달 탐사를 시작하면서부터였다. 지구 밖으로 나가서 지구를 바라볼 때, 비로소 전체를 보는 시각이 열리기 시작했다.

우리는 결국 하나이고 한 배를 탄 사람들이다. 과학 기술이 자꾸 우리를 최소 단위 속, 개인이 보는 핸드폰이나 컴퓨터의 익숙한 정보들로 몰아 같은 곳만 맴돌지라도, 인종, 성, 나이를 넘어 우리가 지구 위 전체를 순례하는 한 가족임을 의도적으로 인식해야 한다. 불확실한 시대의 슬기로운 생활을 생각해보자. 방법은 간단할지도 모른다. 인류가 살아남았던 궤적을 살펴보면서, 조금 바보 같고 어쩌면 당연한 길, 인간으로서의 길을 찾아야 한다.

백만 가지의 만남

봉건시대를 극복한 서구의 사고는 개인의 인격과 인권을 중심으로 발전해왔고, 이 모델이 발달의 프레임으로 자리를 잡아 왔는데, 개인주의는 이제 고립과 소외를 대표하는 개념으로 인식되기 시작하는 것 같다. 이런 흐름의 한가운데는 누가 그리고 무엇이 희생되었건 나의 재산을 극대화하겠다는 욕망이 자리한다. 그런 욕망은 내가 아닌 다른 사람들, 즉 내가 아닌 어떤 대상을 적대적으로 바라보게 한다.

미국에서는 경제가 안 좋아지면 인종차별주의가 심해지는 경향이 있다. 경기가 좋고, 개인의 주머니 사정이 넉넉할 때는 다른 사회에서 좀 더 나은 삶을 꿈꾸며 이민온 사람들에게 관대하지만, 자기들이 조금이라도 손해를 볼 것 같은 상황이면 피부색이 다르다는 이유로 차별한다는 것이다.

2019년 미국 사회를 뒤흔든 "블랙 라이브즈 매터Black Lives Matter, BLM(흑인의 생명도 소중하다)"는 아프리카계 미국인에 대한 경찰의 폭력과 제도적 인종주의에 반대하는 사회운동이다. 미니애폴리스에서 경찰의 폭력에 숨을 못 쉬고 고통을 호소하다 죽은 조지 플로이드의 동영상이 소셜 네트워크에 올라와 많은 사람의 공분을 샀고, 거의 미국 전역에서 시위가 벌어졌다. 물론 블랙 라이브즈 매터는 소리 없는 사람들, 특히 불법 이민자들이나 다른 유색인종들과 성소수자들까지 감싸 안는다.

개인주의에 기초한 자유와 평등이 신자본주의 사회에서 과연 오류 없이 작동하는지 심각하게 생각해보아야 한다. 더구나, 각자 노동하고 그 수입으로 무엇이든 구매할 수 있는 삶을 자유라고 여기는 사고는 이제 막다른 골목에 다다른 것 같다. 이런 사고가 많은 사람이 거리에 나앉고, 직장을 잃고, 생태계가 무너져 내리는 이 세상에 여전히 유효하고 영향력 있는 사고인지를 우리는 물어야 한다.

줌이면 어떻고, 소셜 미디어면 어떤가. 우리는 어떻게든 만나야 한다. 삶의 작은 조각들을 나누어 맞추고 완성한 기뽐을 또다시 나누는 것이다. 그리고 조금 열려 있는 누군가의 공간을 두드려 공명을 만들자.

네트워크는 개인주의를 극복하는 데 강력한 힘을 발휘한다. 내 친구 조지프 신부가 많이 아팠다. 그는 내가 미국생활을 시작하면서 미국 문화를 아무것도 모르고 적응하면서 힘들어할 때 나에게 다가온 할아버지이자 아주 드문 흑인 수사님이다. 조지프 신부님은 암 치료를 위해 시애틀에서 내가 사는 동네로 내려왔는데, 코로나에 걸려 위독하다고 했다.

나는 신부님을 위해 기도하면서 마음이 너무 힘들고 또 두려웠다. 그래서 나는 SNS에 시애틀에서 신부님과 함께 찍었던 사진을 올리고 그를 태그해 그의 친구들과 나의 친구들께 기도를 부탁했다. 결과는 놀라웠다. 많은 사람이 함께 기도한 사진을 올려주었다. 나의 마음이 한결 가벼워졌다. 아름다운 사람을 위해 홀로 기도하는 일은 외롭고 버거웠지만, 다른 많은 사람의 기도가 물결을 만들고 깊은 위로가 되어 내게 밀려왔다.

세상에는 백만 가지의 공동체가 있다. 이런저런 모임에서 자주 만나는 사람들을 한번 보라. 그들이 나의 현주소이다. 인간적인 삶의 가치나 신념을 추구하는 사람들과 자주 연락하거나 연결되어 있다면, 나는 지금 무언가 인간적인 가치를 추구하는 사람이다. 돈 버는 법을 알려주거나 돈 많이 번 사람들과 연결되어 있다면, 나는 지금 금전적인 안정과 성공을 추구하는 사람이다. 그 어떤 것도 좋고 나쁘다고 단정 지을 수 없다.

공동체를 만들어내는 여력이 있는 사람들, 나는 그런 사람들을 이 시대의 리더라고 생각한다. 그들이 더 많은 공동체를 생산해내야 한다. 최소한의 기쁨과 보람, 수고를 나누는 공간들을 생산해내야 한다. 누구도 소외되지 않고, 부족하면 부족한 대로 참여할 수 있는, 그런 모나지 않고 잘난 체하지 않는 따스한 공간을 제공해야 한다.

나누는 일이 곧 더하는 일

미국에는 수년째 블로그를 중심으로 '행복 만들기 프로젝트'가 유행이다. 가장 대표적인 사람은 그레첸 루빈 Gretchen Rubin이다. 그는 《행복 프로젝트》*에다 그의 경험을 나누었다. '뉴욕이라는 매력적인 도시에서, 자기가 좋아하는 일을 하면서 좋은 남편과 예쁜 아이들을 가진 자기 삶은 진정 행복한가'라는 아주 정직한 질문에서 출발한 그는, 자신이 행복하다고 느끼지 못한다고 결론짓고 행복을 방해하는 여러 행동 습관을 고치고자 새로운 것들을 시도하면서 1년을 살아보기로 한다. 그러니까 이 책은 행복을 찾는 한 사람의 일지인 셈이다.

그는 지극히 일상적인 기록을 하면서, 아침에 노래 부르기라든지 잔소리하지 않기라든지 일상적이고 사소한 실천으로 자신의 행복을 찾고자 했고, 나중에 그는 아우구스투스 성인과 소화 데레사 성녀의 삶을 만났다고 고백한다. 결국 영성적 차원에서의 행복을 만나게 되는 그의 여정은 지극히 평범한 현실에서 시작한 것이다.

그레첸 루빈으로부터 가장 인상 깊게 배운 점은 지금 살고 있는 공간을 넓게 살라는 점이었다. 빈 공간은 곧 우리 삶의 여유라고 말하며, 특히 책장의 한 칸을 비워두라는 조언이 마음에 남았다. 빽빽하게 채우려고 하면 삶은 금세 지치고, 짜증스러워진다. 읽을 책, 읽고 싶은 책들이 하루하루

---

*   Gretchen Rubin, *The Happiness Project: Or, Why I Spent a year Trying to Sing in the Morning, Clean My Clostes, Fight Right, Read Aristotle, and Generally Have More Fun*(New York: Harper, 2009).

내 삶의 공간으로 들어올 때, 일단 다 읽은 책이나 관심에서 밀려난 책들을 치우고 책장의 한 칸을 비워놓으면, 다른 누군가 선물해주는 책을 꽂을 수 있다. 그렇게 새로운 누군가의 삶이 내게 당혹감을 주지 않으면서 부드럽게 다가온다. 꼭 책이 아니더라도, 책상 서랍이나 옷장도 자꾸 비우고 누구에게 나눠주면 좋을까를 생각하다 보면 마음이 즐거워진다.

아마 세상 사람들에게 가장 많은 사랑을 받는 성인이 성 프란치스코라면, 사람에 대한 그의 유약한 사랑 때문일 것이다. 나는 고등학교 때부터 성 프란치스코의 '평화를 구하는 기도'를 좋아했다.

주여 나를 평화의 도구로 써주소서

미움이 있는 곳에 사랑을

다툼이 있는 곳에 용서를

분열이 있는 곳에 일치를

의혹이 있는 곳에 신앙을

그릇됨이 있는 곳에 진리를

절망이 있는 곳에 희망을

어두움에 빛을

슬픔이 있는 곳에 기쁨을 가져오는 자

되게 하소서

위로받기보다는 위로하고

이해받기보다는 이해하며

사랑받기보다는 사랑하게 하여주소서

우리는 줌으로써 받고

용서함으로써 용서받으며

자기를 버리고 죽음으로써

영생을 얻기 때문입니다

　이 아름다운 기도문을 혼자 길을 걸으며 외우곤 했는데, 잘 이해하기 어려운 부분이 '우리는 줌으로써 받고'라는 구절이었다. 왜 주는 일이 행복한 일인지 잘 알 수 없었다. 루이스 하이드의 책 《선물》에서는 선물의 정의를 움직이는 것이라고 설명하면서, 인류가 살아남은 방법은 좋은 것들을 서로 나누어주는 것이라고 말한다. 그러니까 쌓아두는 경제는 희귀함scarcity을 낳고, 결국 사람을 가난에 빠뜨린다는 요지이다. 반면에 계속 주고 돌리는recycle 선물 경제는 충만을 낳고 생명력을 창조하는데, 바로 이 삶의 원리를 통해 인류가 살아남았다는 것이다. 이런 선물로서의 삶, 유여의 삶은 단순히 육체적인 생존이 아니라 정신적인 생존으로 이어진다.

그리스어에는 생에 대한 두 가지 표현이 있다. 하나는 바이오bio이고 다른 하나는 조헤zoe인데 전자는 생물학적인 몸이고 후자는 사람을 살아 있게 하는 생기, 에너지이다. 그러니까 주는 것, 내어주는 것, 나누는 것은 조헤를 만들어 내는 것이다. 프랑스의 철학자 자크 아탈리Jacques Attali는 결국 우리는 서로를 돌보고 서로 가진 것을 상대에게 내어주어야 하는데, 그것이 결국 우리를 살게 하는 길이기 때문이라는 매우 놀라운 주장을 한다.* 특히 새로운 민주주의는 사람들이 소외되지 않고 연결되는 사회를 이루는 것이다. 지극히 종교적으로 보이고 그래서 지루하기까지 한 이 주장이 미래에 대해 이야기하는 철학자에게서 나왔다는 점이 그저 놀라울 따름이다. 나를 위하듯이 남을 위하는 경제 철

---

* 자크 아탈리, 《자크 아탈리의 인간적인 길: 새로운 사회민주주의를 위하여》, 주세열 옮김, 에디터.

학이 우리 일상에 뿌리내리면 좋겠다.

새로운 패러다임

불확실한 시대에 성장과 발전은 발상의 전환 혹은 세계관의 변화를 통해서 가능할 것이다. 우리는 코페르니쿠스 혁명을 잘 알고 있다. 그 혁명은 태양이 지구를 향해 돌고 있는 것이 아니라 지구가 태양을 향해 돌고 있다는 것을 깨닫는, 사고의 전환을 의미한다. 여기서 방점은 움직임revolve에 있다.

자크 라캉은 인간의 의식과 무의식은 결코 멈추어 있지 않다고 이야기한다. 이는 곧 사고나 의식이 멈추면 경직되고, 굳어진다는 것은 결국 생명이 없다는 것을 의미한다. 만일 삶이 본질적으로 불확실하다면, 그것은 패러다임이 움직인다는 사실과도 같다.

한 시대의 사람들의 견해나 사고를 근본적으로 규정하고 있는 인식의 체계나 사물에 대한 이론적인 틀을 우리는 패러다임이라고 부른다. 각 시대는 그 시대의 패러다임 안에서 소통하고 사고하며, 사회는 사회대로, 개인은 개인대로 삶의 의미를 찾아냈다. 20세기의 패러다임은 결국 이데올로기였다.

20세기에 인류는 제2차 세계대전을 마치면서 평화와 반전, 그리고 반핵을 이야기했다. 그리고 인류는 냉전 이데올로기 시대로 들어서게 되었다. 사실 냉전이란 말은 미국과 소련 및 그 동맹국들 사이에 공공연하게 발생한 모든 갈등을 의미하는데, 포화의 열기가 없는 냉랭한 싸움을 강조하는 단어이다. 그 당시에는 이데올로기의 대립이 정치 경제, 사회, 문화 등 모든 영역에 영향을 미쳤고, 세상은 미국과 소련 둘로 나누어져 있었다.

그러다가 1970년대에 이르러, 소련과 동맹이던 중국이 독자적인 노선을 걷자 양극의 냉전은 서서히 와해되었다. 미국과 중국이 국교를 정상화하고, 전략 핵무기 제한 협정을 체결했다. 그리고 마침내 1980년대 중반, 소련이 분해되고 사회주의 블록이 붕괴되면서 1990년대에는 바야흐로 '냉전후시대the post Cold War era' 또는 '탈냉전시대'라는 새로운 세계 질서가 수립됨으로써 냉전체제는 종언을 고했다.

더구나 베를린 장벽이 무너지고, 중국과 미국이 가장 큰 규모의 무역 관계로 다져지면서 세상은 신자유 무역주의를 선포하기에 이르렀다. 중국이 소위 말하는 실제 외교에 돌입하면서 경제 부흥을 시도했고, 소련도 사실 경제적 위기를 극복하기 위해 페레스트로이카(재건)와 글라스노스트(개방)를 외치며 자본주의의 거대한 물결에 합류, 자유 시장 경제라는 세상의 질서가 무척 견고해졌다.

모든 상품이 바다 건너 흘러가고, 값싼 노동시장에 공장이 세워지고, 노동자들도 이동했다. 그러면서 세상은 모두 비슷한 소비를 위한 공간으로 변해갔다. 어느 국가, 어느 도시를 가도 모든 것이 점점 비슷해졌다. 맥도날드나 스타벅스 같은 다국적 기업의 상점들이 모든 도시를 점거했다. 정말 그 지역의 사람들이 사는 모습을 보려면 한참을 걸어가야 한다. 아니면 버스를 타고 한참을 나와야 한다. 그래야만 사람들의 진짜 모습, 지치고 힘들며 냄새도 나는 그런 사람들의 모습을 만날 수 있다.

21세기는 그렇게 신자유주의란 패러다임 아래 소비를 부추기는 욕망의 경제 시대로 들어갔다. 미국을 중심으로 하는 이 경제 구조는 소비를 바탕으로 이루어졌다. 저축보다는 소비를 통해 경제가 굴러가도록 되어 있다. 이 시대에는 불가능이란 없어 보였다. 만들어진 이미지에 홀린 사람들은 소비에 열광했다. 한편 값싼 노동력으로, 질보다는 양으로 승부하는 중국이 미국 다음으로 또 하나의 경제를 흔드는 새로운 세력으로 등장했다. 소비는 행복의 대명사가 되었고, 고급 승용차나 명품 옷, 그리고 가방은 행복한 삶을 대표하는 이미지가 되었다.

불확실한 망망대해를 항해하는 법

우리는 21세기가 글로벌 시대이고 AI의 시대이며, 하루면 지구의 어느 곳이라도 달려갈 수 있는 시대라고 확신했다. 하지만 그런 확신은 사실 어떻게 하면 더 많은 것을 소비할 수 있는가 하는 탐욕이었다. 그런데 이런 와중에 재미있게도 소위 디스토피아 소설이 유행하기 시작했다.

디스토피아란 유토피아의 반대어로, 최악의 사회를 다룬 소설이다. 디스토피아 소설은 완벽해 보이는 이 사회의 알려지지 않은 부분을 더 확대하고 상상한 소설이다. 소설을 읽다 보면 그럴듯한 느낌을 받으면서 어쩌면 우리 사회가 그렇게 흘러가는 것일지 모른다는 의심을 하게 된다. 미국에서 가장 유행한 디스토피아 소설은 수잔 콜린스가 2008년에서 2010년까지 3년에 걸쳐 출판한 《헝거게임》이다.

개인주의와 자유를 가장 기본적인 가치로 여기는 서구 사회는 통제된 사회를 가장 두려워할 것이다. 모든 것이 잘 짜인 완벽한 플랜처럼, 사람들은 하루하루를 새로움이 없이 그저 살아가야 한다. 《헝거게임》 속 나라는 12개의 구역으로 나누어져 있고, 가난한 구역의 사람들은 왜 가난한지 생각할 기회조차 빼앗긴 채 지속적인 불이익과 가난 속에서 살고 있다. 이 이야기에 많은 사람이 열광했던 이유는 완벽하고, 잘 짜인 사회 안에서 엄연히 존재하는 빈부의 격차를 본격적으로 보여주었기 때문이다.

소설은 곧 2011년 젊은이들이 자본주의 메카인 뉴욕의 월스트리트를 점령했던 점거운동occupy movement과 그 궤적을 함께한다. 이 운동에서 젊은이들은 99퍼센트의 보이지 않는 사람들의 가난에 관심을 촉구하고 평등한 사회를 요구했다.

젊은 세대들이 사회의 개혁을 요구한 또 다른 움직임은 아랍의 봄Arab Spring 운동으로, 이슬람의 억압적인 사회구조와 분위기에 젊은이들이 반기를 들며 사회를 개방하라고 요구했다. 이 젊은이들은 소셜 네트워크로 소통했고, 정보를 공유하면서 거리로 나섰다.

이런 조그만 균열들은 이제 새로운 패러다임이 등장해야 한다고, 새로운 시대가 도래할 것을 알리는 신호탄이다. 한 패러다임이 무너지고 새로운 패러다임으로 넘어가는 이런 과도기에는 언제나 많은 사람이 고통받고, 미래에 대해 불안해하며, 심지어 목숨을 잃기도 한다. 영국에 산업혁명이 일어나자, 기계가 노동력을 대신하면서 많은 사람이 가난과 배고픔으로 고통에 시달렸고, 그때 목숨을 끊은 사람도 많았다. 부의 상징인 미국 사회에도 가난한 사람들은 언제나 있었다.

예를 들어 미국은 1930년대에 경제 공황을 맞았다. 사람들은 누구나 가난했고, 일자리를 잃었다. 특히 농촌이 피폐했다. 많은 농부가 굶주림 속에서 자기들의 땅을 버리고 유랑했다. 존 스타인벡의 《분노의 포도》는 배고픈 농민의 고통을 절절하게 그려냈고, 도로시아 랭의 유명한 사진 〈이민자 어머니〉를 보면, 이 당시 자기 땅을 잃고 트럭의 타이어까지 다 팔아버린 채 자녀를 안고 있는 어머니의 가난이 강렬하게 느껴진다.

내가 인지하는 새로운 패러다임 중 하나는 '작은 것이 아름답다'이다. 이 패러다임을 처음 주장한 사람은 독일의 경제학자인 에른스트 슈마허로, 그는 성장 중심의 대량 생산이 인간성을 잃어버리게 하고 환경을 파괴한다고 주장했다. 그는 대량 생산 대신, 사람이 노동에서 소외되지 않게 하는 작은 규모의 경제가 사람을 살리는 형태라고 설명한다.[*]

슈마허가 이를 주장한 것은 거대한 발달 경제 모델이 주를 이루던 1980년대인데, 요즈음에야 그의 주장이 관심받기 시작하며 ESG(환경·사회·지배구조) 경영으로 불리고 있다. 비재무적 요소인 환경문제에 민감한 젊은 세대들은 세간살이를 줄이고, 아주 작은 집을 선호하고, 옷차림을 가볍게 하는 운동을 벌이기도 한다.

요즘 미국에서는 여러 가구가 큰 집을 함께 빌려서 공동생활을 한다. 조그만 방에 한 가구가 살고, 거실과 부엌, 정원 같은 공동 구역을 나누어 사용하는 새로운 형태의 공동체 바람이 불고 있다. 한국에서 비슷한 현상을 관찰할 수 있다. 도시 생활을 접고, 시골에 내려가 자기만의 공간을 만들어 카페를 운영하는 부부에게, 나는 어떻게 이런 생활을 할 결심을 했느냐고 물었다. 그들은 "조금 벌더라도 시간적으로나 정신적으로 넉넉하게 여유를 갖고 살고 싶어서"라고

---

[*]   Ernst F. Schumacher, *Small Is Beautiful: As If People Mattered*(New York: Harper, 2010).

대답했다. 누구나 하듯이 대학에 가고 취업을 준비하고 대기업에 취직하고 그렇게 달리는 인생이 나에게 맞지 않는다면, 어떤 다른 형태의 삶이 있을지 또 나에게 맞는 어떤 형태의 삶이 있을지 탐구해보아야 한다.

행복에 관한 많은 연구가 보여주듯이 어느 수준까지는 돈을 벌면 행복해지지만, 그 수준을 넘어서면 많이 가졌다는 것 자체가 삶의 질을 높여주거나 행복을 보장해주지 않는다. 여러 가지 시도와 실수를 통해 나에게 가장 잘 맞는 삶의 스타일을 발견하는 것, 그리고 삶의 소소한 재미들을 놓치지 않으려는 작은 노력들이 불확실한 시대에 성장하고 발전할 수 있는 방법이다.

언젠가 미국의 존경받는 교육 지도자이자 작가 파커 팔머Parker J. Palmer에게 사람들이 물었다. "세상이 빠르게 변해가는데, 우리는 무엇을 해야 합니까?" 그가 말했다. "세상을 사는 것은 뗏목을 타고 거친 강을 노 저어가는 것과 같습니다. 세상이 빠르게 가는 것 같으면, 우선 몸을 낮추고 가만있으세요." 그는 로우키lowkey를 유지하라고 표현했는데, 겸손하고 느긋하고 탄력적인 태도를 지니고, 자신과 남을 너무 빡빡하게 다그치지 말라는 의미이다. 또한 그는 젊은이들이 그에게 와서 자꾸 무언가를 물어보면 답은 젊은 이들 자신이 가지고 있다고 하면서 자신은 그저 그들의 이야기를 듣는다고 말했다.

세상은 이러이러해야 한다는 날 선 주장을 좀 내려놓고, 세상은 다양한 궤도에 오를 수 있다는 생각을 가지는 것, 내가 알고 있는 방식이 아니더라고 괜찮다는 심리적 탄력성을 가지는 것이 중요하다. 그렇게 나와 다른 세대의 이야기를 듣고 내 마음의 소리를 듣고 다른 친구들의 이야기를 들으면서, 내 안에서 느껴지는 확신을 다른 사람들과 소통하며 마음의 균형을 발견하는 것. 그것이 삶이라는 불확실한 망망대해를 항해하는 방법이다.

4장 관조, 길고 아름다운 시선

관조라는 단어에 대해 생각해본 적 있는가? 관조는 느릿느릿한 속도를 전제로 한다. 깊은 속내를 들여다볼 수 있는 마음의 상태는 빠르게 가던 길을 잠깐 멈추고 느릿느릿하게 가는 데서 시작된다. 쓰나미가 몰려오듯 다급하게 하루를 시작해 또다시 쓸려가듯 정신없이 하루를 끝낸다면 그 삶의 질은 매우 낮다. 인생은 조금 게으를 수 있어야 즐거운 것이다. 시간적 여유와 경제적 윤택함 중 고르라고 한다면, 사람들은 대부분 경제적 윤택함을 고를 것이다. 도대체 그 윤택함이 무엇을 위한 것이길래.

가난과 부지런함에 대한 생각

달리는 도로에서는 많은 것을 보지 못한다. 터벅터벅 걷는 사람들만이, 두 뺨을 스치는 차가운 바람과 등 뒤를 비추는 따스한 햇살을 느낄 수 있다. 내가 사는 동네의 교회 앞에는 늘 재미있고 의미 있는 구절을 적어놓는 게시판이 하나 있다. 이 글을 쓸 때쯤에는 '게으른 사람을 미워하지 말자. 그들은 우리에게 아무런 해코지도 하지 않는다'라는 구절이 게시되어 있었다. 나는 부지런함을 미덕으로 한 서구 자본주의 제국의 한복판에서 마주친 이 말이 마음에 들었다.

독일의 사회학자 막스 베버는 그의 책 《프로테스탄트 윤리와 자본주의의 정신》에서 매 순간 쉬지 않고 일하라는 성서의 가르침으로 근대 사회의 자본주의 윤리가 탄생했다고 말했다. 신약성서 경전 중 제일 먼저 쓰인 '데살로니가 Thessalonica' 전서와 후서 모두 강력하게 게으른 자가 되지 말라고 경고한다. 종말을 목전에 두었다고 생각하고 모든 것을 놔버리려는 사람들에게 일어나라고 가르쳤던 이 성서의 구절이, 어느새 서구인의 영혼에 부지런해야 한다는 강박으로 남았다. 그런데 침례교회 게시판은 게으른 삶을 단죄하지 말자고 한 것이다. 왜일까?

게시판의 구절은 누구나 게으른 자를 싫어한다는 점을 전제로 하고 있다. 그럼 사람들은 왜 게으른 사람을 싫어할까? 어쩌면 공연히 달려가는 나와는 다르기 때문일까? 가만 보면, 게으른 자를 피하려는 사람은 평소에 남들에게 이것저것 요구하는 사람일 확률이 높다. 참으로 속이 시끄러운 사람이다. 누군가는 단지 게을러서 가난하게 살고 공부를 못하고 또 좋은 직장을 갖지 못하는 걸까? 결국 게시판의 메시지는 가난한 사람들에 대한 편견을 깨우는 간접적인 교훈이다.

내가 가르치는 대학의 학생 중 절반이 가난한 이민자 가정의 자녀들이다. 이들은 자신감도 별로 없고 어떻게 공부하는지도 잘 모른다. 또 이들의 부모는 노동이 아닌 대학을 택한 자녀를 잘 이해하지 못한다. 이들은 자연스레 어떤 주제를 놓고 토론을 해본 적도 없고, 수업을 따라가기 버거우면 쉽게 포기한다. 그렇다면 과연 이들이 과제를 수행하지 못했다 하여 게으르다고 할 수 있을까? 객관적으로 채점을 하자면 이들에게 최고 점수인 A를 줄 수는 없지만, 나는 아주 안정된 상황에서 보기 좋게 과제를 내고 발표도 잘하는 학생만이 부지런한 것은 아니라는 점을 기억하려고 한다.

컴퓨터로 비대면 수업을 하면서, 나는 오히려 우리 학생들의 힘든 상황을 좀 더 많이 알게 되었다. 어떤 학생들은 집에 와이파이가 없어 길거리 커피숍 창문에 기대어 수업에 들어오기도 하고, 생계를 위해 캐셔로 일하며 노트북을 무음으로 해놓고 카운터에서 수업을 듣는다. 집에서 어린 동생들을 돌보며 수업을 듣는 학생도 있다. 가난이란 이렇다. 그러니 이 기회의 나라 미국에서 가난한 자는 게으른 자이며 '게으른 자는 먹지도 말라'는 성서의 구절을 예외 없이 누구에게나 적용한다면, 이것이야말로 바보스럽다 못해 진정 게으른 것이다.

현대 사회에서 우리는 많은 가난을 목도한다. 이번 팬데믹이 끝나면 지구촌의 빈부격차는 더욱 벌어지고 많은 사람이 빈곤층으로 떨어질지도 모른다. 집세를 내지 못해 거리로 내몰린 사람들이 점점 많아지는 현실은 가난한 사람들을 단지 게으름의 결과로 보지 말라는 뜻이자 오히려 부지런히 이기적으로 살아온 사람들을 경계하라고 넌지시 일러주고 있다.

《꽃들에게 희망을》이라는 책은 성공을 위해 다른 애벌레를 밟고 위로 올라가는 어느 애벌레 이야기이다. 인생이란 어려움을 견뎌내어 고치를 뚫고 나비가 되어 날아가야 한다는 메시지와 삽화가 인상적이다. 특히 애벌레가 다른 애벌레를 무자비하게 밟고 올라간 그 위에는 막상 아무것도 없었다는 사실이 압도적이다. 이 책은 인생은 그저 나의 고치 속에서 생명을 틔우고 하늘을 날아오르는 것이면 충분하다고 가르쳐주었다.

우리가 경계해야 하는 게으름이란, 주변 사람들이 얼마나 힘들게 사는지는 보지도 않고, 조금 더 많은 잎을 먹으려고 주변의 다른 존재를 밟고서라도 더 높은 곳에 오르려는 애벌레들의 행동과 같다.

무엇을 아름답게 볼 것인가

사람들은 오늘이 영원할 것처럼, 마치 내 주변의 사람들은 늘 옆에 있을 것처럼 생각한다. 나는 요즘 재택근무를 하다 보니 누가 해고되었다고 내게 먼저 알려주지 않는 한, 교직원 중 누가 떠났는지 알 길이 없다. 이런 상황이 걱정되어 하루에 한 사람씩 안부 메일을 보내고 연락이 없으면 이 사람 참 열심히 했는데 혹시 떠난 건가 하는 생각에 불안해진다. 그러다 답장이 오면 안도의 한숨을 내쉰다.

갑자기 주변에 있던 사람이 사라지거나 환경이 변할 때, 당황스러울 만치 시간이 잠시 멈추고 느릿느릿하게 흐른다. 이럴 때 세상과 인간을 보는 것이 관조이다. 그리스도교에서는 관상이라고 하는데, 여기서 '상想'은 싹이 나는 모습을 바라본다는 뜻으로 즉, 관찰을 의미한다.

내게 관찰은 순수한 의문을 가지고 보는 것이다. 내가 사는 세상이 심드렁하게 보인다면, 한번 질문해보자. 나는 우리 동네에서 가장 큰 나무가 어디에 있는지 아는가? 10년 넘게 살아온 내가 사는 집의 모습을 나는 정말 잘 알고 있을까? 집값이 얼마나 올랐는지 같은 사실이 아니라, 우리 집 창문 너머로 봄이면 어떤 새가 울고 언제쯤 공기에서 풀냄새가 살짝 올라오는지, 동네 어느 할머니가 상추를 가꾸는지 알고 있을까? 이렇게 주변을 관찰하기 시작하면, 불현듯 뜻밖의 아름다움이 보인다.

칸트는 《판단력비판》에서 아름다움은 무관심할 때 생겨나는 것이라고 했다. 여기서 무관심이란, 직접적인 이해관계나 나의 욕망에 얽매이지 않는 마음 상태를 의미한다. 칸트에게 아름다움이란 무심한 관조이다.

그러니까 칸트는 어린아이의 순수한 미소를 볼 때, 그리고 길가에 핀 작은 한 송이의 꽃을 볼 때, 우리는 비로소 아름다움을 만나고, 그 아름다움은 나의 일상이나 한계를 뛰어넘어 숭고한 경지에 이른다고 설명했다.

현대인은 아름다움을 상품화하고 미디어를 통해 강요된 아름다움을 학습한다. 예를 들어 명품 가방은 부와 풍요 그리고 어떤 이상적인 삶을 대표하지만, 내가 그 가방을 원한다고 해서 사실 정말 그 가방을 원하는 것은 아닐 수도 있다. 우리의 욕망은 외부의 목소리가 만든다. 이런 점에서 진정한 아름다움은 나의 욕망을 배제한 무심함에서 온다는 칸트의 설명이 나는 참 좋다.

내가 가장 좋아하는 관조의 시간은 미술관에서 전시를 볼 때이다. 물론 마티스의 색감에 취하거나 고흐의 애절한 슬픔과 아름다움을 대하는 것도 좋다. 하지만 처음 알게 된 작가의 작품에서 아이들의 웃음소리나 거리의 노랫소리가 들리는 듯할 때, 특히 바로크 미술에서 사람 사는 냄새를 맡을 때, 나는 무언가 내 일과를 벗어나 동등한 인간에 대한 막연한 사랑을 느낀다. 이럴 때면 부지런한 이기주의자들에게도 부지런히 대화할 줄 모르는 나의 동료에게도 조금 관대해지는 것 같다. 아, 이게 바로 칸트가 말하는 아름다움이겠다.

미국의 존 듀이John Dewey는 실용주의 교육학자답게, 아름다움은 의미를 발견할 때 생겨난다고 이야기했다. 그는 《경험으로서의 예술》에서 삶의 목표를 이루거나 자기 삶의 의미를 발견했을 때, 그 대상 혹은 그 경험에서 아름다움이 생겨난다고 주장한다.

앞서 나는 수년 동안 칠이 다 벗겨져 나무 속의 결이 터져 나온 어떤 집의 문의 빛바랜 색깔을 좋아한다고 밝혔다. 나는 늘 아주 오래된 가죽 가방이나 그림자가 주는 아름다움에 집착하는 나의 미감에 의문을 갖곤 했다. 형용할 수 없는 이 느낌이 무엇인지 나 자신에게 몇 번이고 물어야 했다. 그 느낌은 결국 내 안에 있는 스러지는 생명에 대한 무한한 애정이자, 아무리 초라한 것도 죽기 때문에 가치 있다는 생명에 대한 깨달음이다. 그런 면에서 나는 존 듀이가 정의한 아름다움에 동의한다.

사실 우리나라는 존 듀이의 교육 철학을 장려했다. 민주주의와 인간화를 강조했던 그는 삶은 교육이라고 이야기했고, 마음속의 욕망은 아름다운 것이며 노력은 아름다운 인간성을 만든다고 주장했다.

나는 서울 삼양동에 있는 조용한 공립 초등학교를 다녔는데, 그때 선생님으로부터 존 듀이의 이름을 처음 들었다. 우리 반은 선생님의 지도 아래 존 듀이의 민주주의를 의미하는 공동체 생활을 체험했다. 우리는 분단별로 책상을 붙여 공부하고 토론도 했다. 매주 토요일에는 연극도 하고, 음식을 만들어 먹기도 했다. 음식을 요리하기 위해 무거운 석유 곤로를 교실에 가져갔던 기억도 있다. 그게 참 재미있었다.

또 우리 반은 칭찬에 후해 상장 수여가 빈번했다. 나중에는 이런저런 종류의 상을 하도 많이 받아 수상이 부담스러웠고 감흥도 없었으며 집안 식구들도 반응이 심드렁했던 것 같다. 그럼에도 작은 것에 대한 상, 예를 들어 한 달 동안 친구에게 친절했다든가 청소를 열심히 했다든가 하는 여러 가지 상은 분명 남을 돕고 사람 간의 예절을 학습하는 데 최적의 도구였다는 생각이 든다.

요즘 우리 청소년들은 학교에서 무엇을 배우는 걸까? 학교 제도는 그 사회의 꿈이나 이상을 반영할 수밖에 없다. 요즘 한국의 청소년들은 무한 경쟁의 속도에 지치고 절망한다. 무언가 교실 밖의 세상이 있음을 알 수 있도록 새로운 눈으로 보는 학교 교육이 많이 생겨나면 좋겠다. 무슨 원대한 철학이 아니어도 좋다.

말하자면 선한 시민으로 살아가는 덕목으로, 사람뿐 아니라 AI에게 친절하게 말하기, 남이 깜빡하고 로그아웃하지 않은 컴퓨터에서 그 사람의 메일이나 개인정보를 읽지 않고 바로 로그아웃 해주기, 의미 있는 댓글 달기 등을 강조하는 교육 말이다. 그리고 실천을 잘한 어린이에게 잊지 않고 꼭 상을 주는 교실이 많으면 좋겠다는 생각도 해본다.

존 듀이가 주장하는 아름다움은 이런 것이다. 무언가 열심히 하고 목표를 이루는 긍정적인 체험들, 그래서 자기 삶의 의미를 찾는 모든 것, 그것이 아름다움이다.

칸트에게는 하늘에 빛나는 별을 바라보는 어린아이의 눈망울이 가장 아름답고, 존 듀이에겐 일상에서 부지런히 자기 꿈을 만들어가는 모든 순간이 가장 아름답다.

나는 아름다움을 어떻게 정의할 수 있을까?

사랑스럽게 오래 보는 일

세상과 인간이, 또 뜻밖의 아름다움이 보이는 관조를 가장 멋지게 정의한 사람은 예수회 신학자 월터 J. 버가트 Walter J. Burghardt다. 그는 관조를, 실재를 사랑스레 길게 보는 작업이라고 정의했다. 실재를 길게 보고 사랑스럽게 본다는 것은 무슨 의미일까?

우선 실재란 단순히 우리가 감각적으로 인식하는 것 그 이상의 근원적인 모습을 의미한다. 예를 들어 화장을 예쁘게 하고 화려한 옷을 입은 사람을 보고 그 사람이 아름답다고 한다면, 그것은 오직 표면만을 보고 판단한 것이지, 그 사람의 실재를 표현했다고 볼 수 없다. 외양이나 말투, 교육 수준 같은 외적 조건에 의해 형성된 것이 아닌, 그 사람의 고유한 본연의 모습을 우리는 실재라고 부른다.

그런데 이 실재는 본질인 동시에, 어떤 사람이 그 깊은 곳에 가지고 있는 가능성, 희망, 상상력을 포함한다. 그뿐만 아니라 과거의 기억, 상처, 그리고 어떤 사람이 살아온 역사를 포함한다. 우리가 지나온 시간 그리고 머물렀던 공간에서 만난 많은 것은 우리의 몸과 마음에 깊이 새겨져 실재를 형성한다. 내 안의 기억이 가지는 의미가 생동감을 가지고 나를 움직일 때, 나의 실재는 좀 더 풍성하고 역동적인 것이 된다.

긴 시선이란 잘리지 않은 시선, 그러니까 자르지cropping 않은 시선을 의미한다. 요즘은 모두가 잘린 이미지를 보면서 살아간다. 인터넷 영상도 짧은 것을 선호하고 글의 호흡도 점차 짧아진다. 장편 소설보다는 단편이 좋고 요약이 있다면 더욱더 좋다.

사진만 해도 그렇다. 핸드폰으로 찍은 사진에 의도하지 않았거나 보여주기 싫은 부분이 보이면 편집으로 가차 없이 잘라버린다. 하지만 십수 년이 지난 어느 날, 옛날 사진을 보다가 배경처럼 우연히 찍힌 누군가의 소매나 대문 모서리를 발견하고 기뻐한 적도 있지 않은가. 우리는 누구나 가끔은 우연에 기대어 생의 의미를 줍기도 한다. 그러니 삭둑삭둑 잘라내기 전에 저 멀리 흐리게 나온 실재에 한번 주목해보자. 그것이 바로 시선이 조금 길어지는 순간이다.

자르지 않고 있는 그대로 모든 것을 바라보는 것을 불가에서는 '여여하다'라고 표현한다. 결국 만물이 있는 그대로의 상태를 가진다는 것은 모든 것이 다 귀하게 동등하다는 의미를 가진다.* 그러니 어떤 것에 특별한 애착도 지나친 혐오도 없는 마음을 가져야 한다.

또 긴 시선은 느린 시선이다. 천천히 무언가를 관찰하는 것은 한번 슬쩍 보고 지나치는 것과는 분명 다르다. 슬쩍 지나는 시선에는 마음이 담기지 않는다. 그래서 무엇을 보아도 기억이 나지 않는다. 결국 보지 않은 것과 같다. 저 나무의 색깔과 결이 어떠했던가, 동네를 산책하다 본 그 집의 창문은 무슨 색 페인트를 덧칠했던가. 이런 세세한 것들은 빠른 시선으로 걸어 다니는 사람들에겐 보이지 않고 존재하지도 않는다.

긴 시선은 비효율적이다. 나의 여고 시절은 광화문 시대였다. 중앙청에서 은행나무가 늘어선 길을 걸어 내려가서 세종문화회관 뒤를 돌아 나와 버스를 타고 집에 오곤 했다. 지금도 눈을 감으면 그 거리에 그 가게, 특히 오방떡집이 늘어서 있던 광화문의 거리와 냉면을 먹던 분식집이 눈에 아른거린다. 그래서 해마다 한국에 돌아오면 그 길을 걸어본다. 아무런 추억의 단서를 찾지 못한 날에는 그 근처에서 고

---

* 김덕권, "여어", http://www.newsfreezone.co.kr/news/articleView.html?idxno=37245.

등학교 시절 친구와 팥빙수를 먹으면, 지난 시절이 그대로 보인다. 이때 나의 시선은 길어진다. 효율이나 경제적 활용 지수와 전혀 관련이 없는 시선이다. 인간은 어쩌면 이런 비효율적인 긴 시선으로 세상을 볼 때, 인간미가 풍겨 나오면서 행복해지는 것 같다.

끝으로 긴 시선은 침묵을 의미한다. 언젠가 수업 중에 화장실에 가고 싶었던 나는 총총걸음으로 교실을 빠져나간 적이 있었다. 다른 학생들에게 방해가 안 되도록 재빠르게 나가려고 했지만 마음처럼 되지 않았다. 물론 교실이 너무 조용했던 것도 이유가 되겠지만, 나는 나의 옷깃이 펄럭이고 바스락거리는 소리에 적잖이 당황했다. 그래서 이번에는 반대로 천천히 걸어나갔다. 오히려 별로 소리가 나지 않았다.

긴 시선은 느리고 천천히 움직이며 고요함을 선사한다. 내 속에서 많은 시끄러운 이야기들이 소란을 피울 때 나의 시선은 잘리고, 또 불연속적인 것이 된다. 있는 그대로 나무가 움을 트고, 잎을 틔우는 것을 보는 긴 시선에는 내면의 침묵과 고요와 공존한다.

또 하나 생각해볼 것은 사랑스러운 시선이다. 사랑하는 사람의 시선은 상대방의 가장 좋은 모습을 담는다. 내가 가르치는 한 남학생이 자신의 여자친구 사진을 여러 장 보여주었다. 나는 특히 예뻐 보이는 한 장을 집어 이 사진 참 잘 나왔다며 칭찬했는데, 그 학생은 이 사진이 여자친구의 모습과 가장 닮았다고 기뻐하며 말했다.

누군가를 사랑한다는 것은 그 사람의 최고의 모습을 알아보고 또 좋아한다는 것을 의미한다. 나는 내 주변 사람들의 가장 좋은 모습을 얼마나 알고 있을까? 주변 친구들의 좋은 점을 많이 알면 알수록 내 삶의 질은 더욱 높아질 것이고, 그 상대의 삶의 질도 더 좋아질 것이다.

사랑스러운 시선으로 바라보는 것은 상대의 상처받기 쉬운 마음을 안아주는 태도이다. 초등학교를 일찍 들어간 나는 손이 야물지 못했는데, 특히 왼손잡이여서 가위질이나 칼질이 서툴었다. 내가 초등학교 1학년일 때 우리 반은 어버이날을 맞아 부모님을 초대해 카네이션을 만들었다. 내가 만든 카네이션은 삐뚤빼뚤 꽃 모양을 흉내 낸 볼품 없는 커다란 종이 조각이었다. 나는 카네이션을 구겨버리고 싶었는데, 그날 학교에 오셨던 어머니는 그 꽃을 온종일 가슴에 달고 계셨다. 그 못생긴 카네이션을 향한 어머니의 사랑스러운 시선은 지금도 나를 토닥여준다.

나는 너를 무조건 믿는다는 시선은 한 사람을 살리고도 남는다. 너는 잘될 거라는 믿음으로 한 사람을 바라봐주면 그 사람의 아픈 영혼은 기운을 차리고 자리를 털고 일어날 수 있다. 이 시대에 어느 나라, 어느 길목에서든지 홀로 선 사람이 있다면, 그를 정답게 바라봐주는 시선만으로도 그 사람에게 힘을 줄 수 있으리라 생각한다.

관조적 자세로 살아간다는 것은

있는 그대로를 길고 사랑스러운 시선으로, 혹은 여여한 마음으로 살아간다면 우리는 어떤 인간이 되는 걸까? 우리 고전을 보면 그런 마음은 깊이 성찰하는 삶, 자연 친화적인 삶으로 표현되는 것 같다. 고려시대의 가요 〈청산별곡〉은 "살어리 살어리랏다 청산青山애 살어리랏다" 노래한다. 이 노래는 무욕한 마음, 그리고 자연에 안긴 인간을 가장 관조적인 모습으로 본 것 같다. "가던 새 가던 새 본다 물 아래 가던 새 본다"며 새가 물에 제 모습을 비추어 보는 성찰적인 인간의 모습이 보이기 때문이다. 학자들마다 다양한 견해가 있지만, 이 노래에서 드러나는 인간의 모습은 깨끗하고 자연스럽다. 마치 한참 울고 나서 맑아진 눈으로 세상을 보는 아이의 눈처럼 말이다.

21세기 이 글로벌한 세상을 관조적인 자세로 살아간다는 것은, 일상 속에서 잠시 타인과 세상에 대해서 길고 느린 시선으로 그 실재를 보고 감동하는 것이다. 결국 관조적인 자세의 삶을 사는 사람 역시 일상을 비범하게 사는 사회적 시인과 같다. 사회적 시인이란, 세상의 아픔과 가난 속에서 실재를 보는 사람이다. 비록 우리가 살아가는 모습이 다르고 가난한 사람들의 지친 모습이 작아 보여도, 그 안에서 하늘만큼의 높이와 깊이를 보는 사람이다.

사회적 시인을 생각해보면 그레타 툰베리Greta Thunberg를 이야기하지 않을 수 없다. 열여섯 살의 경미한 자폐를 가진 이 소녀는 이산화탄소 사용 자제를 당차게 요구하며 다른 청소년들과 연대하여 환경운동을 하고 있다. 이 소녀의 두려움 없는 태도는 세계의 많은 청소년의 마음을 움직였다. 소녀의 존재는 세상은 더 이상 변할 수 없고 우리가 그저 따라갈 수밖에 없다는 세태에 새로운 바람을 불러일으

켰다. 새로운 세대가 우리가 살아갈 세상을 우리 손으로 지켜야 한다는 의지를 보이는 것은 어쩌면 당연한 일이다. 그럼에도 불구하고 그의 발언들은 우리에게 새로움을 선사한다. 그가 트위터에 올리는 메시지는 마치 새 시대의 예언자처럼 느껴진다.

또 한 사람, 우리가 사는 세상의 온갖 곳을 다니면서 사진을 찍고 가난한 사람을 만나고 글을 쓰는 박노해 시인이 있다. 그리고 시는 한마디 쓰지 못해도 누군가 마음 아픈 사람을 위해 마음 졸이는 이들도 있고, 길에 사는 고양이에게 마음을 다해 먹이를 챙겨주는 사람들도 있다. 나는 이들이 다 관조적인 자세를 지닌 사회적 시인들이라고 생각한다. 아직 다 채워지지 않은 이 세상을 메우는 다정한 목소리를 가진 그런 시인들은 누구나 사랑을 담아 오랫동안 실재를 바라본다. 우리 동네에 살고 있을지 모르는 그런 시인을 만난다면, 그의 시선을 따라 세상을 보고 싶다. 그 시선은 결국 사물과 세상과 내가 하나가 되게 하고, 세상을 바꾸어가기 때문이다.

마치 월트 휘트먼의 노래하는 아이가 되는 것과 같다. 월트 휘트먼은 그의 시 〈나가는 아이가 있었다〉에서 이 아이가 두려움과 사랑과 놀라움으로 보는 모든 사물, 그러니까 사월의 라일락, 오월의 들판 새싹들, 길가의 흔하디흔한 잡초들뿐 아니라 집으로 돌아오는 여선생님, 맨발의 흑인 소년 소녀, 거리 자체 그 모든 것이 되었다고 썼다. 매일 문밖을 걸어나가 바라보는 사물이 자신이 되는 그런 아이가 되는 것, 그런 시선으로 세상을 살아갈 때, 우리는 모두 사회적 시인이 된다. 그럴 때 비로소 내 삶은 관조로 가득하다.

5장 메멘토 모리

　죽음의 적나라함과 불쾌감은 인간이 생명과 생의 의미에 집착하게 한다. 죽음 앞에서 비로소 우리는 본질적인 것과 사소한 것을 알게 된다. 코로나로 어느새 죽음은 우리 곁으로 성큼 다가와, 우리 마음에는 땅거미가 지고 이내 얼굴에는 수심의 그림자가 드리웠다. 그럼에도 생을 이야기하기 위해 우리는 죽음을 마주해야 한다.

죽음을 거부하는 인류에게 팬데믹이란

코로나 팬데믹 이전에 세상 사람 모두를 놀라게 한 중세의 흑사병이라는 팬데믹이 있었다. 편태(채찍질)를 하며 고행을 하거나 유대인들을 몰살시킨 그 시대 사람들의 신경증적 반응을 보고 있노라면, 요즘 코로나 팬데믹을 겪으면서 일어나는 아시아 사람들에 대한 무차별 폭력이나 이방인에 대한 적대감 같은 반인격적인 반응과 일맥상통하는 바도 있는 것 같다. 중세의 흑사병은 유럽 사회를 어떻게 변화시켰을까?

많은 학자들은 이 흑사병이 중세 유럽의 기독교 중심의 세계관이 무너지는, 그러니까 세속화되는 첫걸음이었다고 이야기한다. 축복 기도를 통해 사람들을 병에서 지켜주던 사제나 주교들이 죽어가자, 기독교에 기초한 절대적인 가치관이 붕괴했다. 그리고 페스트가 끝난 후 교회는 부족한 인력을 충당하기 위해서 교육받지 못한 사람, 라틴어를 모르는 사람들에게도 사제품을 내려주었다.

이런 현상은 사회 계층 간의 이동을 가능하게 했다. 오늘날의 세상도 이 팬데믹이 끝나면, 새롭게 변해버린 세상에서 많은 사람이 가난한 계층으로 떨어져버릴 것이라는 조심스러운 관측이 나오고 있다.

또한 페스트 이후 중세를 지배했던 이데올로기적 기독교가 막을 내리면서 근대로 접어든다. 부조리한 것들에 대한 의구심과 함께, 새로운 사고, 특히 인문학적인 사고가 발아했다. 갈릴레오는 코페르니쿠스의 주장을 받아들여 지구 중심의 사고를 비판하지만, 결국 그는 자신의 과학적 사고를 종교의 권위주의 앞에서 부인해야 했다. 그럼에도 불구하고 과학적 사고는 현실을 똑바로 보게 했다.

이런 사고는 사실적 사회주의social realism라는 문학 형태로 나타나는데, 보카치오의 《데카메론》이나 제프리 초서의 《캔터베리 이야기》 등이 그 예이다. 《데카메론》은 팬데믹을 피해 한적한 시골로 떠난 피렌체 젊은이 열 명이 밤마다 돌아가며 나눈 재미난 이야기를 모은 작품집이다. 각각의 단편들은 성적인 자유를 주장하거나 종교인의 부패와 위선을 꼬집는다. 예를 들어, 빅토리아는 바람을 피우고 법정에

섰는데, 자신은 한 번도 남편의 요구를 들어주지 않은 적이 없으며, 그렇게 하고도 남아도는 열정을 다른 남자에게 쏟아부은 것이 왜 잘못이냐며 따진다. 물론 이 이야기에서 시민들은 그 여성에게 손을 들어준다. 기존의 성도덕에 반기를 드는 여성의 목소리가 매우 유머러스하게 그려져 있다.

반면 《캔터베리 이야기》는 캔터베리로 가는 순례자들의 모습을 담았다. 부도덕한 수사, 겸손이라고는 약에 쓰려고 해도 없는 허영스러운 수녀원장, 여성에게 가장 필요한 것은 주권sovernity임을 주장하는 베스 출신의 여성 등, 솔직하고 자기의 이익을 채우는 등 여러 인간 군상을 아주 재미있게 묘사했다. 이 작품이 당시 사회의 모습을 얼마나 그대로 담고 있는지, 또 전적으로 작가의 창작은 얼마나 되는지 구분하기는 어렵다. 다만 최소한 인간의 자의식, 종교 혹은 사회의 모든 권위를 의심하고, 자신을 표현하는 문학이 출현했다는 데서 이 책은 중요한 의미가 있다. 근대의 지적 인간상의 태동이라고 볼 수 있는데, 이러한 변화에 페스트가 미친 영향은 결코 가벼울 수 없다.

알베르 카뮈가 《페스트》란 소설을 쓴 것도 우연은 아닐 것이다. 지적인 인간은 사회의 시스템을 의심하고 비웃는다. 그리고 실존적 고독과 부조리를 고민한다. 중세의 규율과 통제를 벗어날 수 있도록 도움을 준 것이 팬데믹이었고, 그 와중에 서구의 개인주의가 공고하게 자리를 잡는다. 그리고 제2차 세계대전을 겪으면서 나치의 전횡 앞에 손을 놓은 유럽의 무력 속에서 실존주의 철학이 태동했다.

현대 21세기 글로벌 시대의 팬데믹은 죽음을 거부하는 인류에게 과연 무엇을 의미하며, 우리는 팬데믹을 통해 무엇을 배워야 할까? 글로벌한 시각에서 현대의 삶을 보면, 우리 앞에는 제한된 자원, 분배되지 않은 경제구조, 무한경쟁이 낳은 인간성의 피폐, 기술력의 발전만큼이나 소외된 사람들이라는 거대하고, 공통적인 문제가 가득하다. 이제 죽음에 관해 이야기하고 이 문제들을 직면해야만 한다.

코로나 속에서 만난 우리

팬데믹은 우리의 문명을 비웃듯, 모든 사람을 패닉에 빠트렸다. 미국의 모든 기관이 폐쇄되었고 모든 수업이 잠정적으로 취소되었다. 아무도 없는 학교 교정이 을씨년스러워 보였다. 또 매일매일 미디어를 통해 죽어가는 사람들의 숫자를 들어야 했다.

사람들은 불안해했지만, 죽어가는 사람들의 얼굴을 직접 본 적도 없었고 단지 모든 것은 숫자와 그래프로만 보여졌다. 더구나 미국 우선주의 정책을 펼쳤던 트럼프 전 대통령은 자신은 특별하고 위대한 지도자라는 인상을 심어주고자 병적으로 마스크를 쓰지 않으려 했다. 그러다 보니 우리 눈에 죽음의 모습은 더욱 보이지 않았다. 가끔 매스미디어에서 더 이상 시체를 보관할 곳이 없어서 땅을 파고 시신을 던지듯 매장하는 모습을 볼 수 있을 뿐이다.

그래서일까? 어떤 사람들은 더욱 신경질적으로 대면 접촉을 꺼렸고, 또 어떤 사람들은 마스크도 쓰지 않고 거리를 활보했다. 다른 사람이 어떻게 되든, 그런 것쯤은 걱정하고 싶지 않다는 무표정한 얼굴이었다. 미국인들의 개인주의가 이만큼 싫었던 적은 없었다.

세계적으로 퍼져나가는 코로나바이러스를 보면서, 사람들은 이 병이 중국의 우한에서 왔다거나 어떤 연구소에서 바이러스를 일부러 퍼뜨린 거라고 이야기했다. 특히 빌 게이츠가 의심받았다. 그가 바이러스로 인한 팬데믹이 여러 차례 올 거라고 누누이 예언했고, 결국 사태는 백신으로 해결될 거라고 주장했기 때문이다. 하지만 미래에 대한 과학자들의 경고나 환경주의자들의 글들을 읽어보면, 바이러스에 의한 재난은 오래전부터 예고되었음을 알 수 있다. 다만 사람들이 그런 불편한 진실을 외면하고 있었을 뿐이다. 사람들은 지구 온난화로 북극의 빙하가 녹기 시작하면서 잠자고 있던 바이러스들이 다시 활동력을 가질 수 있다는 사실을 그저 공상 과학 소설 정도로 치부했다. 전염병 같은 건 아프리카 오지에서나 일어나는 일쯤으로 여겼다.

어떤 면에서 전 세계 사람을 죽음으로 몰고 간 코로나 바이러스는 이미 세계는 한 마을이고, 더 이상 어느 구석에서 일어나는 작은 사건이 나와 동떨어진 것이 아님을 알려준다. 아직도 문화인류학 서적 중에서는 중세 문화를 뒤흔들었던 페스트가 결국 중국에서 시작되었다고 버젓이 써놓은 문화인류학 서적들이 있다. 자료를 더 찾아보면 그건 추측에 불과할 뿐, 그렇게 강력한 흑사병이 어디서 어떻게 시작되었는지 아직도 확실하지 않다. 이번 코로나바이러스도 그렇다. 다만 확실한 것은, 사람들이 서로 연결된 만큼 전염병에서 벗어날 수 없다는 점이다. 코로나는 우리에게 혼자서 살 수 없는 인간 생존의 본질을 가르쳐준 사건이다.

생의 마지막 예의

우리가 사는 세상을 둘러보면, 어디에도 죽음의 흔적이 잘 드러나지 않는다. 마치 우리가 살고 있는 세상은 무너지 거나, 늙거나, 소멸해가는 생명은 존재하지 않는 듯, 그 절 대적인 진실을 감추려 한다. 어릴 적에는 학교를 마치고 집에 돌아오는 길에 상을 당한 집을 자주 지나쳤다. 좁은 골목 길 어느 집 대문 앞에는 '근조謹弔'라고 쓰인 등이 걸려 있었고, 그 아래에는 짚신과 밥 그리고 국이 놓여 있었다. 어른들은 그것을 영혼이 먼 길 갈 때 드시라고 지어놓은 밥과 신고 갈 짚신이라고 했다. 반면 요즘에는 죽음을 볼 기회가 드물다. 모든 것이 보이지 않는 곳에서 깨끗하게 처리되니 유기체적인 삶의 느낌이 사라진 것 같아 마음이 서늘하다.

이제 죽음의 절차가 달라졌다. 생의 마지막 순간을 자신이 살던 주거 공간에서 맞이하던 과거와 달리 현대인의 마지막은 병원에서 이루어진다. 의사가 들어와서 맥박과 호흡을 체크하고, 공식적으로 몇 월 몇 시 누구누구는 운명하셨다고 선언한다. 그러고 나면, 다음 일은 장례 전문가들의 손에 맡겨진다. 단지 관은 얼마짜리를 할 것인지, 수의는 얼마짜리로 할 것인지 등을 결정할 뿐이다. 기독교, 불교 등 각 종교의 예절이 있지만, 분명한 것은 죽음은 이제 점점 가정사가 아닌, 전문 기관의 일이라는 점이다.

　미국도 비슷하다. 장의사가 알려주는 절차에 따라 준비하고, 메모리얼 서비스memorial service에서 열린 관 속에 누워 있는 돌아가신 분의 얼굴을 본다. 우리나라의 입관이 가까운 가족으로 제한되는 반면, 미국에서는 손님들도 마지막으로 고인의 모습을 볼 수 있다. 곱게 화장을 하고, 되도록 보기 좋은 모습으로 누워 있는 시신을 마주하며 마지막 인사를 건넨다. 장례식장에서 일하는 한 학생은 농담으로 돈 없으면 죽지도 못한다며, 장례 비용이 절대 만만치 않다고 내게 귀띔해주었다. 모든 것이 영리를 추구하며 상업화되어도, 개인적으로 죽음의 절차만큼은 생에 대한 존경과 섬세함이 들어 있기를 바랄 뿐이다.

죽음을 대하는 태도

　버클리에서 인류학을 공부할 때, 나의 노교수님은 "죽음을 대하는 태도만큼이나 삶을 대하는 태도를 잘 보여주는 척도는 아마 없을 것"이라 말씀하셨다. 어떤 문화든 장례 풍속이 있지만, 장례 예절 속에 예술이 깃들수록 깊이가 있는 문화라고도 하셨다.

예를 들어, 미국 워싱턴주의 야크마 부족의 장례 예절에서는 마지막 순간에 고인의 냄새를 기억하기 위해 고인의 옷가지에 코를 대고 만진다. 옷에 남아 있는 그 사람의 냄새를 맡음으로서 그 사람의 기운과 인성과 느낌을 마지막으로 추억하고 간직하려는 것이다. 내가 떠난 뒤에 내 옷에서는 어떤 느낌이 풍겨날까?

우리나라 무속도 결국 죽음을 기억하는 행위이다. 우리의 굿을 살펴보면, 어떤 굿이 되었든 절정에는 조상거리가 있다. 이 시간 동안 이미 세상을 떠난 부모님들이나 가족과 연결되고, 살아서 못다 한 예를 드리고, 그분들이 주시는 축복을 받는다. 생과 죽음이 연결되어 있음을 가장 아름답게 형상화해서 보여주는 것은 제주의 무혼굿이다.

제주에서 무혼굿을 할 때는 평평하고 넓은 들판을 의미하는 '벵디'길을 만든다. 그 길 양쪽에 대나무를 휘어 아치 모양의 길을 만들어놓고, 무당은 돌멩이가 많고 잡풀이 우거진 그 거친 길을 앞서가며 돌멩이를 거둬내고 풀을 쳐내며 혼을 안내한다. 그리고 그 길 끝에 다다르면, 망자가 편안히 삶을 잘 마무리하고 떠나라는 의미에서 종이로 만든 하얀 나비를 꽃송이처럼 뿌려준 뒤, 미리 세워둔 막대에다 새 옷을 걸어둔다. 사느라 힘들었을 망자에게 낡고 피 묻은 옷이 아니라 고운 새 옷을 입고 가시라고 드리는 정성이다. 그리고 마지막으로 그 새 옷을 태운다.

사실 굿에서는 한 가족의 숨은 이야기나 아픈 이야기가 연사로 나오기 때문에, 심방(제주에서는 무속인을 심방이라 부른다)이 아닌 모르는 사람이 굿에 참석하는 것을 가족들은 꺼릴 수 있다. 그래서 그들의 굿에 타지 사람인 나의 참관을 허락해준 일에 정말 말로 다 할 수 없을 만큼 감사하다. 그 배려에 보답하는 의미에서 나 역시 만난 적 없는 알지 못하는 분이지만, 망자께서 평안하시라고 정성껏 기도드렸다. 죽은 사람을 기억하는 모든 종교 예식은 우리 삶의 유한성을 다시 한번 생각하고, 순간을 충만하게 살도록 도와준다.

외면 당한 죽음

두려움을 인문학적으로 연구한 요안나 부르크Joanna Bourke는 인류는 두려움에 의해 살아가며 그중 가장 근본적인 두려움은 죽음으로부터 온다고 했다. 또한 이 두려움을 다루는 방식은 시대별로 다르게 발전되어 그 사회의 지표와 가치를 읽는 척도가 된다고 설명했다. 죽음에 대한 특정 사건에 인류가 반응하는 방식은 그 사회의 문화와 역사를 보여주며, 이때의 반응이 그 시대를 넘어 한 사회 안에서 계속적인 영향을 미친다는 것이다.

예를 들어, 스페인 독감을 겪은 미국인들은 세균에 대한 공포가 있어서, 특히 시체를 두려워하거나 혐오한다고 주장했다.* 1918년에서 1919년 사이에 러시아에서는 공산주의 혁명이 성공했고, 우리나라에서는 일제 강점기에 독립을 선언했던 3.1독립운동이 일어났다. 그동안 미국을 비롯한 전 세계에서 스페인 독감이 창궐하여 세계 인구의 10퍼센트가 죽었다. 무엇이 이 바이러스를 일으켰는지 아직 분명하지는 않지만, 일종의 조류 독감이라는 학설이 유력하다.

---

* Joanna Bourke, *Fear: A Cultural History*(Berkeley, Counterpoint, 2006).

미국의 경우, 세균에 대한 공포는 시체를 매장할 때 땅을 파고 반드시 시멘트로 콘크리트 벽을 만드는 관습을 낳았다. 혹시 시체가 부패하는 과정에서 세균이 밖으로 나오지 않을까 우려한 매장 방식이다. 세균에 대한 미국인들의 강박 관념은 청소할 때에도 드러난다. 먼지를 깨끗이 닦아 내는 일이 중요한 우리나라 사람들과 달리, 세균을 없애는 것이 중요한 미국인들은 강력한 화학 제품을 바닥에 발라 주는 것으로 집 청소를 마무리한다. 집에 신발을 신고 들어가고 방에서도 운동화를 신고 생활하는 것도 개의치 않는데는, 미국 가정의 청결함이란 깨끗함보다는 세균을 제거하는 데 있기 때문이다.

그러다가 최근, 일각에서는 시신을 매장하는 장례 방식이 환경에는 전혀 좋지않다는 의견을 제기했다. 가장 생태적으로 모범적인 장례 방식은 티베트의 풍장이다. 시신을 밖에 내어놓고 독수리들이 그의 살을 뜯어 먹고 나면, 남은 내장과 뼈를 태워서 땅에 묻는다. 마지막으로 몸을 내어주는 티베트의 장례 문화는 어쩌면 인간이 자연에게 내어주는 마지막 선물인지도 모른다.

21세기가 시작되면서, 인류는 죽음에 대한 공포 자체보다는 죽어가는 과정이 고통스러울 것에 대한 공포, 그리고 삶의 의미나 즐거움이 다 사라진 후에까지 생을 연장해야 하는 두려움에 대해 자주 언급하기 시작했다. 2012년 80대 부부의 삶을 다룬 프랑스 영화 〈아무르〉가 나오면서 우리는 생의 질, 죽음과 죽을 권리에 대해 더 많은 이야기를 하게 되었다.

우리나라에서도 우리 사회 노인들의 외로움과 죽음을 다룬 이재용 감독의 〈죽여 주는 여자〉가 나왔다. 이 영화는 백세시대에 자본을 가지지 못한 가난한 노인들이 어떻게 삶의 마지막을 존엄하게 맞을 수 있을지 진지하게 고민하고 있다. OECD 국가 중 실제 노인 자살률이 가장 높은 우리 사회의 노인 문제는 죽음에 대한 두려움과 더불어, 삶은 무엇이고 어떻게 살아야 하는지에 대해 진지한 성찰을 요구한다. 의식 없는 투병자가 있다면 본인의 의지와 상관없이 계속 생명을 연장하도록 도와야 할까? 사회는 가진 것 없는 노인들에게 충분한 지원을 제공할 수 있을까? 백 세를 살 수 있다는 건 현대의 축복일까 재앙일까?

최근 한국에서는 고독사를 수습하는 유품 정리사가 화제로 떠오르고 있다. 유품 정리사는 고독하게 죽어간 젊은 이들이나 노인들의 마지막을 처리하고 정리해준다. 자식들에게 모든 것을 내어주고 쪽방에서 쓸쓸히 홀로 죽어가는 독거노인들. 그들의 가족들은 도대체 어디에 있는 걸까? 더구나 자기의 꿈을 좇아 이리저리 시달리다, 고달픈 몸을 누이기에도 빠듯한 한 칸짜리 고시원에서 생을 마감하는 젊은이들은 어떠한가. 그들이 쓰던 물품들을 버리고 나면 그들의 삶의 흔적도 그냥 지울 수 있는 걸까? 그들의 손길이 닿았던 물건들이 한순간에 정리되어버리는 것을 보면 쓸쓸한 마음을 감출 수가 없다. 그런 만큼 사랑하는 사람의 유품을 정리하는 일은 죽음을 마주하는 것만큼 마음이 아프고 애틋하다.

또한 우리는 생명을 엄청 소중하게 생각할 것 같지만 현실은 그 반대여서, 인간의 생명을 아주 하찮게 여기기도 한다. 총기 살인사건, 테러, 내전 등으로 약하고 무고한 사람들이 이 순간도 죽어간다. 사람들은 기후 변화나 사막화 현상으로 자기가 살던 고향을 떠나 낯선 곳으로 이주할 수밖에 없고, 이로 인해 또 가난한 사람들이 사지로 내몰린다. 폭동이나 전쟁에 대해 매스미디어가 보여주는 처참한 광경은 마치 영화 속 한 장면처럼 이제 그저 익숙한 모습이 되었다.

어디 그뿐인가. 영화나 드라마를 보면 자살하는 인물도 많고, 사람을 잔인하게 죽이는 장면도 이젠 눈 하나 깜빡하지 않고 보게 되었다. 마치 버튼만 한번 누르면 검은 화면처럼 그냥 사라져버리는 것이 생명이라는 듯이 말이다. 요즘 사람들은 농담처럼 "이번 생은 망했다"라는 말을 자주 한다. 그렇게 말하는 사람은 우리가 환생하리라는 것을 믿기 때문에 그런 말을 할까? 아니면 희망 없는 세상에 대한 어떤 한탄일지도 모르겠다. 그래서인지 우리가 사는 이 세상은 소수가 영원할 것 같은 많은 자원과 부를 독점하고 있고, 대다수의 가난과 소리 없는 고독, 절망과 죽음은 마치 끝없는 평행선처럼 보인다.

이 시대에 인간성을 회복하기 위해서 우리가 할 일은 우리 주변에 연결 고리에서 잘려나간 사람들과 연대하는 일이다. '우리'라는 정서를, 번영이나 이익이라는 물질과 맞바꾸는 비극은 없어졌으면 한다. 기독교가 지중해 지역을 중심으로 그렇게 빨리 퍼져나갔던 것도, 고대 도시에서 사는 사람들끼리의 유대나 공동체의 필요가 한몫했다는 논문을 읽은 적이 있다. 밀집된 환경에서 살던 도시민들이 함께 빵을 나누고 운명을 나누면서 교회가 시작되었다는 것을 생각하면, 21세기에 그 많은 교회나 성당에서는 무엇을 하는 걸까 의구심이 든다.

불안한 현실에 대한 히스테릭한 반응

중세 문화를 가르치면서 학생들에게 꼭 권하는 영화는 스웨덴 잉마르 베리만Ingmar Beriman감독의 〈제7의 봉인〉이다. 이 영화에는 종교적으로 신성한 의미를 지닌 십자군 전쟁이 인간의 탐욕과 약탈을 위한 수단으로 점점 변질되어가는 와중에 사색하는 한 인간의 고뇌를 담았다. 영화에서는 그가 전쟁터에서 무엇을 보았는지 직접적으로 보여주지 않는다. 다만, 신의 존재와 인간의 생에 대한 그의 절절한 질문만이 스크린을 채울 뿐이다. 십자군복을 입고 지친 몸으로 집으로 돌아가는 길에, 그가 마주하는 참혹한 현실은 거의 종말에 대한 묵시록을 방불케 한다.

부연하자면 이 영화의 제목인 〈제7의 봉인〉도 신약 성경의 요한 묵시록에 등장하는 이야기이다. 성서에 의하면, 그리스도가 7번째 두루마리의 봉인을 떼자 마지막 선과 악의 싸움에 관한 우주적 예언이 실행된다. 그 묘사가 실제처럼 아주 생생하다. 현상은 태양이 빛을 잃고 이내 어둠이 찾아와 자연재해로 많은 사람이 죽는 것으로 요약할 수 있다. 이런 이유로 요한 묵시록은 많은 소설과 영화의 모티브가 되어왔다. 특히 선과 악의 전쟁은 〈스타워즈〉나 〈반지의 제왕〉 같은 판타지 영화에 기본 틀을 제공했다. 그뿐만 아니라 역사적으로 기독교 사이비 종파들은 거의 대부분 요한 묵시록을 인용함으로써, 현재 우리가 맞닥뜨린 현실의 아픔이나 고통이, 이 세상의 종말이 다가오고 있음을 보여주는 신호라고 설명한다.

다시 영화 이야기를 해보자. 영화 〈제7의 봉인〉은 구체적으로 팬데믹이란 재앙 속 사람들이 드러내는 광기, 혼돈과 공포, 그리고 종교 같은 사회적 체제에 대한 회의를 깊이 있게 보여준다. 신에 대한 두려움으로 자기 죄를 씻기 위해 자신을 채찍질하는 행위도 나타나고, 유대인이 이 재앙을 불러들인 것이라는 비이성적인 논리로 유대인들을 괴롭히고 죽이는 모습도 등장한다. 두 가지 모습 다 불안정한 현실에 대한 히스테릭한 반응이다. 스스로 자기 몸에 회초리를 휘두르는 극단적 행위는 그 두려움이 자기 내면으로 향한 것이라면, 유대인을 꼬집어 그들이 일부러 전염병을 퍼뜨렸다고 주장하는 것은 두려움을 외부로 투사한 것이다.

또 한편 이 영화는 죽을 목숨이니 즐기고 보자며, 육체적인 쾌락에만 몰두하는 사람들의 모습도 보여준다. 팬데믹 시대를 살아가는 우리가 다시 한번 보고 생각해볼 만한 장면들이다. 우리는 어떠한가. 나의 하느님은 나를 구해주리라는 편협한 신앙심 때문에 병적으로 신앙 모임을 고집하는 사람들이 있는가 하면, 여전히 유흥업소에서 술과 오락으로 코로나를 잊고자 하는 사람들도 있다.

특히 이 영화에서 주인공 안토니우스 블록은 죽음과 체스를 둔다. 의인화한 죽음과 체스를 하면서 삶의 시간을 버는 이 장면은 영화사에 등장하는 가장 멋진 장면 중 하나이다. 한시적 생을 살아가는 모든 사람에게 해당되는 아주 강렬한 상징이기 때문일 것이다. 우리 또한 우리의 운명에 도달하기 위해 죽음과 위험한 체스를 두고 있는 것을 아닐까?

이어지는 이야기에는 영화의 결말이 나오니 원치 않으면 뛰어넘어도 좋다.

죽음의 춤danse macabre

영화 〈제7의 봉인〉의 마지막 장면에는 죽음의 춤이 나온다. 이 인상적인 마지막 장면은 죽음의 춤이라는, 그 당시에 유행했던 대중 예술을 화면에 담고 있다. 결국 신의 부재에 대해 혹독하게 고민하던 기사 안토니우스 블록도, 그와 함께 여행하는 그의 종자 얀도, 또 성에 남아 그를 기다리던 아내도 모두 죽는다. 그들의 죽음을 상징하는 마지막 장면에 바람 부는 산길을 올라가는 죽은 자들의 무리가 보인다. 손에 손을 잡고 춤을 추는 듯한, 이 무겁고 긴장감 도는 장면이 영화의 마지막이다.

중세에 유행한 죽음이 주는 허무와 두려움을 표현한 그림들을 '죽음의 춤'이라고 부른다. 이 테마는 벽화, 그림, 책의 삽화 등에 자주 등장한다. 그 내용을 살펴보면 죽음을 상징하는 해골들이 차를 마시는 마님 곁에도, 기도하는 경건한 사람의 곁에도, 참회하며 자기에게 가죽 채찍을 휘두르는 사람들의 곁에도 죽음을 형상화한 해골이 동행한다. 그럼 이 죽음의 춤은 죽음을 찬양하는 걸까?

언젠가 하버드대학에 강연자로 초대받은 적이 있다. 강

연까지 시간이 남아 학교 주변을 어슬렁거리다 근처 약국 담벼락에 그려진 죽음의 춤을 보고 깜짝 놀랐다. 왜 하필 생명과 관련된 물품을 파는 약국 벽에 그것이 그려져 있었을까 하는 의문이 들었다. 《중세의 가을》을 쓴 요한 하위징아는 중세 유럽에서 가장 중요한 문화현상으로 이 죽음의 춤을 들었는데, 삶의 고통 속에서 죽음을 목도했던 사람들이 죽음을 매일 생각하면서 생의 아름다움을 이야기한 것이라고 주장한다.[*] 그러니 하버드대학 근처의 그 약국에 그려진 죽음의 춤은, 사실 사람들에게 생을 보여주고 있는 것이다.

그런데 요즘 우리가 사는 세상은 죽음이나 슬픔을 이야기하지 않고, 성공적인 삶과 영광만을 이야기한다. 그러다 보니 우리의 생활 반경에서 죽음의 춤은 저 멀리 밀려났다. 점차 혼자 사는 사람들도 늘어나고, 혼자 먹는 밥도 익숙하고, 식구들끼리도 문자로 이야기한다. 그러다 이 사회에서 기능할 수 없게 되면, 그 사람들은 사라져간다. 그들의 죽음이란 사라져가는 것이다. 이런 사람들의 슬픔과 그들의 고독을 전혀 모른 채, 우리는 안전한 곳에서 그렇게 살아가고

---

[*] Johan Huizinga, *The Autumn Of the Middle Age*, trans. Rodney J. Payton(Chicago, IL: The University of Chicago Press, 1996), 158.

있는지도 모른다. 그러다 죽음이 오면, 우리 또한 황망하게 서둘러 이 무대에서 사라지는 게 아닐까.

죽음의 춤이 없는 곳에 삶의 노래가 깃들 수 있을까? 메멘토 모리, 즉 "죽음을 기억하라"라는 중세의 지혜는 죽음의 춤을 가까이하라는 가르침이다. 우리 삶의 본질인 죽음, 그리고 필연적으로 다가오는 상실의 경험들에 이름을 지어주지 않는 사회에서 우리의 삶은 어떻게 무게와 의미를 찾을 수 있을까? 소외된 채 각자 살아가는 오늘날의 사회에서 팬데믹은 인류가 잃어가고 있는 '우리'라는 영혼의 깊은 뿌리를 흔들어대는 것은 아닐까?

최소한 죽음을 기억하는 삶은 현재의 삶을 무시하지 않으며, 생이 유한한 동안 맞닥뜨리는 모든 것들, 모든 관계를 존중하는 삶을 의미한다. 글로벌 시대의 인간이란, 결국 혼자 존재한다는 환상을 깨고 우리라는 관계망 속에서 자기의 고유한 모습과 목소리를 찾아가는 존재이다. 나는 개인주의의 고립 너머, 참된 인간의 공동체를 꿈꾼다.

다행히 이 팬데믹의 혼란 와중에도 희망은 여기저기에서 피어났다. 사람들은 남의 집 앞에 음식물을 놓아두고 가져가게 하거나 음식을 나누어주는 곳에 가서 자원봉사를 하기도 했다. 또 자기 집에 있는 과일이나 휴지를 나누어 주겠다는 공고가 페이스북에 자주 올라오기도 했다. 집집이 창문에 테디 베어나 동물 인형들을 놓아두었고, 쓰레기를 치워주거나 물건을 배달해주는 사람들에게 감사 메시지를 창문에 적어놓았다. 그렇게 사람 사는 온기는 곳곳에서 피어났다.

2부

나를 이루는 것들

6장 우정, 늘 새롭고 오랜 축복

　우주의 한 점으로 나서 살다, 또 우주의 한 점으로 돌아가는 우리 인생에도 빛나는 순간들은 있다. 그런 순간에 함께 마침표를 찍거나 의문부호를 찍어주는 사람도 있다. 그 사람을 우리는 친구라고 부른다.

　내가 살면서 가장 중요시하던 의미를 잃어버렸을 때, '네가 좋아하는 것은 이런 것이고, 너는 이런 일을 할 때 가장 빛나는 사람이었다'고 이야기해줄 사람을 가졌다면, 그 사람의 생은 훨씬 넉넉하고 그는 또다시 수월하게 좌표를 찾아 나갈 것이다.

친구를 어떻게 정의할 수 있을까

예일대학교 비교문학과 교수 마르틴 헤글룬드는 종교적인 신념이나 영원함에 대한 꿈이 사라진 세상에서는, 사랑하는 사람들에 대한 헌신이 살아가는 데 기본이 되는 열정이라고 주장했다.[*]

하지만 우리가 사랑에 빠진다는 것은, 대부분 그 사람 자체를 사랑한다기보다 나의 환상을 투영한 경우가 많다. 내가 보고 싶은 것을 상대에 맞추어 본다는 의미이다. 앞서도 언급했듯 르네 마그리트의 작품 〈연인〉은 사랑에 빠진 사람들이 얼마나 맹목적이고, 자신이 보고 싶은 것을 상대에게 투사해서 보고 있는지를 잘 표현한다. 이 유화 작품에서는 서로 얼싸안고 입맞춤하는 연인을 볼 수 있는데, 사실 그들은 보자기를 뒤집어쓰고 있어 서로를 바라볼 수 없

---

[*] Martin Hagglund, *This Life: Secular Faith and Spiritual Freedom*(New York: Anchor Books, 2020).

다. 그러니 입맞춤도 입맞춤이라 할 수 없다.

언젠가 내가 경험한 극적이고 마음 설레던 사랑의 감정을 되돌아보아도 그리 다르지 않다. 상대방의 눈을 바라본다고 하면서도, 우리는 우리가 보고 싶은 혹은 내 영혼의 내면에서 원하는 어떤 것을 보고 있었는지도 모른다. 사랑은 어지럽고 화려하며, 그래서 아름답다.

그 짧은 황홀기가 지나면, 상대방의 진실한 모습이 드러나기 시작한다. 그러면 연인들을 당황스러워하고 실망하기도 하면서, 사랑의 관계는 새로운 국면을 맞이한다. 그래서 누군가를 사랑하기 시작할 때는, 깊은 외로움도 함께 느낄 준비가 되어 있어야 한다. 어쩌면 그것이 진정한 사랑이고 그 사람을 통해 내가 누군가를 깊이 알아가는 시작점이다.

우정은 사랑에 빠지는 것만큼 드라마틱하지 않다. 친구는 연인보다는 훨씬 안정적인 관계다. 우정이 그런 안정감을 주는 이유는 건강한 거리가 존재하기 때문이다. 연인 사이에도 휴식과 각자의 공간이 필요하지만, 우정은 보다 더 멀리 떨어져야 더 잘 보이는 큰 산과 같다. 사랑이 "너와 나는 하나야"라는 망상에 가까운 고백이라면, 우정은 "너는 나를 비추는 거울이야"라는 담백한 고백이다.

레바논의 대표 작가 칼릴 지브란은 그의 책《예언자》에서 친구란 그대의 식탁이자 따뜻한 난롯가, 사랑으로 씨 뿌리고 감사로이 수확하는 들판과 같다고 이야기했다. 그렇게 한 영혼의 꿈과 고민은 그 친구의 마음에 고스란히 박힌다. 친구는 어쩌다 한 번 얼굴을 보아도, 마치 엊그제 헤어진 듯 아무런 거리가 느껴지지 않는다. 그렇게 불현듯 보아도 친근한 이유는, 친구가 내 생의 많은 단편들을 보관해주고 있기 때문이다. 내가 꾸던 꿈도, 내가 맞닥뜨렸던 좌절도 그의 마음속에 고스란히 담겨 있기 때문이다. 그래서 나는 나의 소중한 벗들을 위해 축복의 기도를 올린다.

같은 학교를 다니고, 같은 선생님께 공부를 배운 친구들을 우리는 동창同窓이라 부른다. 한자를 풀어보면, 동창이란 같은 창문이다. 그러니 친구란, 같은 창을 통해 세상을 바라보던 사람들이다. 어린 시절 학교에서 함께 어울려 다니던 친구들을 생각해본다. 청소 시간에 같이 창문을 닦으며, 우리가 살아갈 세상을 꿈꾸던 친구들의 얼굴이 떠오른다. 잘 닦이지 않는 교실 유리창을 닦으며 우리는 어떤 남자친구를 사귀고 싶은지, 어떤 직장을 가지고 싶은지 그런 이야기를 거침없이 나누었다. 그때는 그냥 같이 거리에 나서기만 해도, 마음이 든든해지고, 학교 앞 거리가 조그맣게 느껴졌다.

어떤 친구와 우정을 누린다는 건 무엇일까? 우정에서 가장 두드러지는 특징은 상호성이다. 어떤 사람들은 베풀 때 편안해하고, 어떤 사람들은 받을 때 더 편안해한다. 하지만 일방적으로 주기만 하거나 받기만 하는 관계는 친구가 아니다.

베푼다는 것에는 여러 의미가 있다. 시간을 내어주는 것, 공간을 내어주는 것, 물질을 내어주는 것 등, 우리가 가진 것을 기꺼이 베푸는 것은 아름다운 일이다. 하지만 그 내어주는 정도가 동등한 관계를 해칠 정도라면 주는 것도 멈추어야 한다. 우리가 누군가와 동등해진다는 것은 내가 가진 것을 기쁘게 나누어주고, 나에게 주어지는 것들은 감사히 선물로 받을 수 있는 것이다. 친구에게 받은 선물이 많다고 해서 그의 이야기를 들어주어야 하는 관계는 금방 지칠 것이다.

어떤 여성이 나를 찾아와서 자신은 친구가 없다고 이야기했다. 자기는 늘 자신이 가진 좋은 것을 상대에게 주는데, 상대는 자기를 친구로 생각하지 않는지 그의 이야기를 기꺼이 들어주지 않는다는 것이다. 그 여성은 물질적으로 풍족한 편이라 늘 밥값을 내고 선물을 기꺼이 주는 방식으로 친구 관계를 맺었지만, 씁쓸하게도 어느 순간 친구들은 그의 곁을 떠나간다는 것이다. 그런데 한참을 듣다 보니, 그녀가 은연중에 무조건 그리고 거의 언제나 자기의 이야기를 들어주고, 자기의 주장에 동의하는 사람만이 친구라고 믿는 듯했다.

사실 가장 값진 친구란 언제 만난 친구이든 간에, 함께 만난 시점으로부터 시작해서 함께 성장하고 함께 변화해가는 친구이다. 요즘 내가 읽은 책은 무엇이고, 감동 받은 시는 무엇이며, 또 어떤 영화를 보았는지를 궁금해한다면, 그 사람이야말로 진정한 내면의 동반자로서의 친구다. 내가 무엇을 주면 친구가 좋아할지 생각하는 일보다 친구의 어떤 점을 궁금해하면 기뻐해줄지 생각해야 한다.

또 친구가 없는 사람을 가만 보면, 과거의 어느 한순간에 멈춰 선 사람이다. 인생의 어느 한 시점, 자기가 가장 빛나던 그 순간에만 멈추어 있으면 결국 사람들은 떠나고 없다. 고등학교 친구와 허심탄회하게 어릴 적 추억을 나누는 일은 언제나 즐겁지만, 그렇게 과거의 이야기만 반복할 수는 없다. 그러면 생의 어느 순간에도 멋진 친구를 만날 수 없다.

내가 새로운 친구를 만들 여유가 없다면, 나의 삶이 어딘가에 발목이 잡혀 더 이상 나아가지 않는 것은 아닌지 생각해봐야 한다. 육아와 직장 일에 치여 친구 만날 시간도 여유도 없을 때일수록 더욱더 친구와 대화를 나눠야 한다. 인생이라는 항해 중 잠시 누군가와 함께 숨을 돌리면서 여기가 어디쯤인지 돌아볼 수 있다면, 그 누군가를 친구라 부를 수 있지 않을까? 때론 누군가와 차 한잔을 놓고 아무 말 없이 편안하게 차의 향을 잠깐 나누기만 해도 우리 삶은 기운을 얻기 때문이다. 이런 친구는 옆집에 사는 누구일 수도 있고, 같은 직장에서 일하는 누구일 수도 있다.

나는 간혹 자신의 친구가 아닌 남편의 부부 동반 모임 사람들이 유일한 친구인 여성들을 만날 때가 있다. 그런 여성들을 보면, 삶을 자기중심적으로 바라보는 일이 익숙하지 못한 것은 아닐까, 그리고 그것이 혹시 가부장적 사회질서의 흔적이 아닐까 하는 의구심을 갖게 된다. 격하게 말하자면 자기의 삶 속에서 자신의 소중한 사람들과 관계를 유지하려는 의지가 없어 보인다. 그렇다고 남편을 유독 많이 사랑하는 것 같지도 않다. 어쩌면 그들은 누군가의 아내가 아니라면 온전한 자신을 생각하는 힘과 방법을 잃어버린

게 아닐까?

칸트는 아름다움을 이야기할 때, 어떤 대상이 실용적인 특성을 가졌다면 아름다움에서 제외했다. 그러니까 친구를 아름다운 대상으로 여긴다면, 나의 사업에 도움이 될 사람이 누구인지를 따져보고 목적과 의도를 가지고 상대에게 다가가는 사람은 우정의 아름다움을 알 수 없다. 물론 인생을 살면서 함께 가는 길동무인 친구가 적절한 시기에 큰 도움이 되어준다면 참 감사한 일이지만, 처음부터 도움이 되는 사람만을 친구로 삼는 자는 진정한 우정의 미학을 모르는 사람일 게다.

친구를 필요할 때만 찾는 사람이 더러 있다. 친구를 필요한 것을 얻는 자원으로만 생각하는 것이다. 이런 사람은 친구니까 받아주고 당연히 해줄 수 있지 않냐며 상대방에게 무리한 것을 요구한다. 그렇지 않다. 만일 친구에게 어떤 부탁을 했는데 그 친구가 요구를 들어주지 못한다 해도 섭섭해하지 말고 편안하게 받아들여야 한다. 나는 내가 부탁하는 친구의 형편을 알 수 없을뿐더러, 친구는 나의 요구를 들어주기 위해 내 옆에 있는 사람도 아니다. 친구를 자신의 편리를 봐주는 존재로만 여기는 사람은 곧 주변에 아무도 남아 있지 않음을 알게 될 것이다.

한편 친구에 있어 성별이 문제가 될까? 어떤 사람들은 이성 간에 친구가 될 수 없다고 하고, 또 어떤 사람들은 이성 친구가 훨씬 편하다고 한다. 이런 구분은 지나치게 이성애적인 사랑만을 전제로 하는 것 같다. 사실 이성 간에도 친구가 될 수 있고, 물론 그 친구 관계가 연인 관계로 바뀔 수도 있다. 오히려 위험한 것은 관계를 무언가로 지나치게 규정하려는 태도가 아닐까 싶다.

예를 들어 엄마와 딸의 관계를 생각해보자. 자녀가 어릴 때는 당연히 엄마가 딸의 모든 일을 처리하고 돌보는 관계이지만, 나이가 들어 딸이 성인이 되어서는 엄마의 가장 가까운 친구 사이가 된다. 또 젊은 시절에는 가깝지 않았지만 나이가 든 어느 시점에서 새롭게 가까워지기도 하고, 한때는 뜨겁게 사랑했던 사람이 시간이 지나 친구가 되기도 한다. 그러니 이 사람은 친구다 아니다를 이분법적으로 구분 짓는 것도 부질없는 일일 수 있다.

또한 우리는 친구를 운명처럼 생각한다. 같은 나이, 같은 학교, 같은 반이었다는 이유로, 혹은 우연히 같은 버스를 타고 등하교하다가 친구가 되었다고 이야기한다. 하지만 사실 친구는 그저 우연히 되지 않는다. 어느 정도 호감이 있던 차에 그 친구가 나와 같은 반이 되었을 때, 혹은 오늘 처음 본 저 아이와 친해지고 싶어서 일부러 곁으로 다가가 친구가 되는 것이다.

네트워크가 촘촘한 이 세상에서, 친구가 된다는 것은 단순한 우연이라기보다 나의 삶 가까이에 다가온 하나의 우주를 성큼 나아가 받아안는, 용기와 진심이 필요한 보다 의미 있는 작업이다.

우정의 바탕은 충고와 신뢰

친구의 중요함을 아는 인류는 동서고금을 막론하고 우정을 지켜가는 덕목을 강조해왔다. 그중 고대 로마의 철학자 세네카는 모름지기 친구라면 진정 어린 충고를 해줄 수 있어야 한다고 했다.

요즘 세대는 충고하고 싶어 하지 않는다. 설상가상 자기도취적인 성향이 있는 사람들은 충고를 들을 만한 내면의 공간도 없다. 거울에 세상에서 누가 가장 예쁘냐고 물어대는 사람에게는 "너는 지금 이런 면에서 좀 부족하다" "이렇게 하면 더 좋을 것 같다"라는 의견을 받아들일 만한 여유가 없다.

비록 내가 '핵인싸'이더라도 내게 쓴소리를 솔직하게 말해주는 친구가 없다면, 나는 아직 진정한 친구를 사귀지 못한 것이다. 반대로 내가 늘 나와 가까이 어울리는 친구에게 충고하고 싶지 않다면, 나는 진심으로 그 사람을 위하는 친구가 아니라는 의미도 된다.

그러니 '내 친구는 누구인가'를 생각해본다는 것은, 내가 앞을 제대로 보지 못하는 순간에 나에게 바른길을 알려줄 사람이 과연 누구인지를 헤아려보는 것이다. 또 '난 누구의 친구인가'를 헤아려본다는 것은, 내 친구가 잘못된 길을 가고 있을 때, 불편함을 무릅쓰고라도 바른 이야기를 해줄수 있는지를 생각해본다는 것이다.

세네카의 지적을 곰곰이 생각해보면 친구를 가지기 위해서는 그리고 누군가의 친구가 되기 위해서는 부드러운 마음이 필요하다. 여기서 부드러운 마음이란, 내가 친구에게 의견을 피력할 때 혹시 상대의 마음이 다칠까 조심스럽고 섬세하게 이야기해줄 수 있는 배려를 의미한다. 한편 나의 상처받기 쉬운 성향을 있는 그대로 상대에게 내어 보이면서, 그의 이야기를 있는 그대로 혹은 열린 자세로 경청할 수 있는 겸손을 의미한다.

우정의 조건으로 꼽는 다른 하나는 신뢰이다. 친구는 나의 편에 서서 나와 함께 인생의 길을 걷는 사람이다. 발이 아픈 나를 부축해주고 눈이 부신 나를 이끌어줄 중요한 사람이다. 그만큼 서로 간 신뢰가 중요하다. 신뢰에 금이 가기 시작해도 서로 얽힌 시간을 잘라내기 힘들어 어설프게 관계를 유지하는 것은 엄밀히 말해 우정이 아니다. 누가 신뢰를 깨뜨렸든 간에 진정한 의미에서 그 허물이 받아들여진다면 우정은 지속될 것이다. 물론 한번 신뢰를 잃으면 관계를 회복하기는 힘들다. 그러니 우정을 위해서는 꽃씨를 뿌리고 꾸준히 물을 주며 가꾸듯이 정성을 쏟아야 한다.

요즘 내 친구들 중에는 새로운 지역에서 자리를 잡았거나 아예 타국에서 살게 된 경우도 많다. 나로서는 어떻게 보면 새로운 사람을 만날 기회가 많아졌다고 볼 수도 있겠지만, 오랫동안 잘 지내온 친구와 이전만큼 만나지 못한다는 뜻이기도 하다. 그러다 보니 어느새 친구들과 조금씩 멀어지기도 한다. 우정이란 오래되고 소중할수록 정성스럽게 신뢰를 지켜나가는 노력이 필요하다.

고대 로마 시대에 친구란, 그야말로 운명을 같이하는 사람을 의미했다. 그들에게 한 테이블에서 식사를 함께한다는 것은 공동의 운명을 나눈다는 뜻이었다. 그래서 식사를 함께하는 사이인 내 벗이 재산을 탕진하면, 내가 내 재산을 반으로 나누어 그 친구와 나누어 가졌다. 복음서에서 예수님이 돌아가시기 전날, 예수와 그의 제자들이 함께한 최후의 만찬도 운명을 같이한다는 것을 의미한다.

그런데 오늘날 친구로서 신의를 지킨다는 것은 과거와는 조금 다르다. 서로의 다른 점을 인정하고, 인격적으로 상대방을 지지하는 것이다. 또한 친구 사이에서 신뢰를 지킨다는 것은 질투하지 않는 것이다. 친구의 성공을 나의 성공처럼 기뻐할 수 있을 때 비로소 그 사람의 친구가 된다. 내가 누군가의 친구가 되고 싶다면 내 마음속에 삐죽이 고개를 내미는 시기심을 경계해야 한다. 살다 보면, 이게 참 어렵다.

내 친구가 잘될 때마다 축하의 말 뒤로 속이 상했다면, 나는 그저 지인 정도임을 인정해야 한다. 결국 신의를 지키는 친구란 어려운 때에 위로가 되어줄 뿐 아니라, 좋은 일이 있을 때 누구보다 기뻐할 수 있는 사람이 된다는 것이다.

나에게는 아주 어릴 적 친구가 있는데, 초등학교 때부터 늘 성당에 같이 다니던 이 친구와 나는 매일 소소한 일들을 나누었다. 지금도 우리는 함께 수도생활을 하면서 늙어가고 있다. 그 친구와 이런저런 이야기를 하다 보면 마음이 가벼워지곤 하는데, 어느 날 그가 내게 말했다. "난 한 번도 너를 시기해본 적이 없어." 난 "당연하지" 하고 가볍게 대답했지만, 그 말이 내겐 얼마나 가슴 벅찬 우정의 고백으로 들리던지. 문득 코끝이 찡해졌다.

앞서 말했듯 친구 관계에서는 한쪽이 신의를 저버리거나 사소한 것으로도 섭섭한 순간이 반드시 찾아온다. 그 순간들을 잘 헤쳐나가기 위해서는 우리의 삶이 사실 용서하고 용서받는 일의 연속임을 기억할 필요가 있다. 용서한다는 것은 친구의 허물을 받아들여 그를 이전과 똑같이 대하는 것을 의미한다.

그런데 전과 똑같은 마음이 된다는 것이 도대체 어떻게 가능한 것일까? 그것은 아마, 나에 대한 깊은 이해로부터 시작될 것이다. 나와의 신의를 저버린 친구의 입장에서 나를 본다는 것은, 나를 있는 그대로 바라보는 내면의 작업을 전제로 한다. 내가 친구에게 실망을 주었거나, 좋지 못한 어떤 모습을 보여주었을 수도 있다는 식으로 나를 객관적으로 바라보는 데서 시작된다. 나는 그에게 늘 좋은 친구가 되어주었나 하는 질문을 먼저 해보는 것이다. 그러고 나면 내 마음속에도 친구의 약점을 받아들일 여유가 생긴다.

　내가 그 상대를 용서했는지 스스로도 잘 모를 때는 내가 무엇에 상처받았는지, 왜 마음이 아팠는지 기억이 나는가 아닌가 생각해보면 된다. 무엇 때문에 그렇게 화가 났는지 이젠 기억도 잘 나지 않고 마음의 빗장이 풀렸다면, 다시 그 친구가 보고 싶고 안부가 궁금하다면, 우정을 유지하고 싶다는 신호이다. 과거를 아무렇지도 않게 덮고 지나갈 수 있다면 그것도 아름다운 일이고, 마음 아팠던 경험을 진솔하게 표현하고 진정한 사과를 주고받을 수 있다면 그건 더 아름다운 일이다.

너는 나를 비추는 거울이다

　친구를 본다는 건 거울을 보는 것과 같다. 친구끼리는 서로를 바라보면서 조금씩 닮아간다. 누구의 모습이랄 것도 없이, 같은 것을 보고 함께 웃다 보면 웃는 소리도 닮아간다. 철학자 발터 벤야민은, 그 지역의 풍광에 따라 나무가 바람에 흔들리는 소리, 물 흐르는 소리가 다르기 때문에 그 고유한 모습과 소리를 따라 사람들이 감정을 표현하게 되었고 그래서 지역마다 사람들이 감정을 드러내는 소리나 모습이 다르다고 말한다.

친구라는 거울 앞에서 우리는 내면에 깊이 자리한 약점이나 그림자와도 적나라하게 마주한다. 저술가 켈리 니드햄Kelly Needham은 우정에 대한 책에서, 우정이라고 부를 수 있는 관계를 찾기 힘든 현실을 이야기하며 새롭게 맺어가는 관계에 자기가 얼마나 취약한가지 적고 있다.*

켈리가 목사의 아내로서 이곳저곳을 옮겨 다닐 적의 일이다. 켈리는 남편을 따라 새로운 지역에 정착할 때마다 새로운 친구들을 사귀기 위해 늘 긴장하며 노력했다. 하루는 교회에 나오는 신도 중에 마음에 드는 한 여성을 발견하고, 매주 한 번 함께 만나 성서 공부를 하자고 어렵게 제안했다. 그 여성은 의외로 기꺼이 승낙했고, 성서를 읽고 또 묵상을 나누었다. 켈리는 그녀와 가까워졌다고 확신했다.

좀 더 깊은 우정을 나누고 싶은 마음에, 켈리는 이 여성

---

* Kelly Needham, *Friendish: Reclaiming Real Friendship in a Culture of Confusion*(Nelson Books: 2019). 켈리는 복음주의적 관점에서 우정의 문제를 다루고 있다.

에게 토요일에 언제 한번 점심을 먹자고 이야기했다. 그러자 그녀는 자신에게는 토요일에 늘 함께 밥을 먹는 친한 벗이 있다며 거절했다. 사실 어떤 지역으로 이사한 경우, 특히 그곳이 조그만 시골이라면, 사람들은 이미 친분이 형성되어 있다. 그러니 그 거절은 사실 당연한 건지도 모른다.

그런데 켈리는 심한 질투심이 들었고 거절당했다는 사실에 아픔을 느꼈다. 그때 켈리는 친구를 독점하려는 마음을 성찰하기 시작했다. '나는 왜 편안하게 친구를 사귀지 못하고, 나랑만 친한 누군가를 가져야 직성이 풀릴까?' 켈리는 이 의문을 놓고 자기 삶을 돌아보았다. 그러자 지금은 멀어진 어릴 적 단짝 친구가 떠올랐다.

그녀의 이웃이었던 그 친구는 그녀와 모든 것을 함께하며 자라났다. 오케스트라에서 악기를 함께 연주했고, 두 가족이 캠핑도 함께 갔으며, 교회에도 함께 다녔다. 똑같이 긴 머리를 하고 비슷한 치마를 입은 둘은 거의 쌍둥이 같았고, 사람들은 켈리가 가는 곳이면 어디든지 그 친구도 있겠거니 짐작할 정도였다.

고등학교에 가면서, 둘 사이는 조금씩 멀어졌다. 켈리의 친구는 갑자기 학교에서 가장 인기 있는 여학생이 되어 새로운 친구들을 많이 사귀었다. 그녀는 스타일에도 큰 변화를 주었다. 켈리와 함께 길러온 머리를 짧게 자르고 바지를 즐겨 입었으며 더 이상 오케스트라에서 연주도 하지 않았다. 켈리는 친구의 이런 변화가 마치 자신과의 연결고리를 끊어내는 것처럼 느꼈다. 갑자기 버림받은 외톨이가 된 것 같은 켈리는 온 세상을 잃은 듯 힘들었다. 그 후 켈리와 그 친구는 서로 다른 주에 있는 대학으로 진학했고, 관계를 예전처럼 회복하지 못했다.

켈리는 과거 친구를 잃은 경험으로 자신이 누군가의 제일 친한 친구가 될 수 없었다는 상실감을 겪었고, 그것이 현재 단짝에 대한 약간의 강박과 조바심을 낳았음을 깨달았다. 내면이 이러하니 새로운 곳으로 자주 이사를 가야 하는 목회자의 아내로서, 친구를 사귀는 것이 너무도 두려웠던 건 말할 것도 없었다. 그런 두려움은 대개 질투심으로 작용했고, 둘 이상의 친구들이 모이는 모임에 나가면 왠지 따돌림을 당할 것 같아 늘 마음이 편치 못했다.

여기까지 읽으면서, 나에게도 친구를 사귀는 데 어떤 강박이나 성숙하지 못한 태도가 있는지 생각했다. 사실 우리는 누구나 친구 관계를 맺고 살아가면서 건강하지 못한 패턴을 갖게 된다. 그것은 우리가 모두 완전하지 못한 인간이기 때문이다.

어떤 사람은 여러 명이 모이는 그룹에서도 꼭 가장 친한 사람을 만들고, 그러다가 그 친구가 다른 그룹에 속하는 것을 불편해하기도 한다. 또 그룹에 탐탁치 않은 친구가 있는 걸 못 견뎌하는 사람도 있고, 친구와의 관계에서 자기가 모든 것을 통제하고 이끌어가야만 하는 사람도 있다.

애석하게도 이런 나의 진면목은 친구와의 갈등을 통해서만 알게 된다. 친구를 만나지 않으면 내가 고치고 성장해야 할 부분이나, 때로는 보듬어주어야 할 부분이 어디인지 알 수 없다.

우리는 나의 힘든 상황에서 나를 보듬어준 친구가 좋은 친구라고 막연히 생각하는 경향이 있다. 그보다는 그 상황을 나누기에 가장 적절한 친구가 누구인지 생각하는 게 좋다. 그때그때 기분과 상황에 맞는 옷을 고르듯, 어떤 상황에서는 어떤 친구와 이야기를 나누는 게 좋을지 먼저 생각해보는 것이다.

어떤 친구는 서로 사는 이야기를 가볍게 주고받으며 실

없이 웃기에 좋고, 어떤 친구는 내가 힘들 때 그 마음을 잘 이해하니 의지하기에 좋다. 누가 더 좋은 친구냐, 혹은 누가 진정한 친구냐의 문제가 아니다. 늘 좋아하는 취미 이야기를 나누거나 쇼핑을 함께 하던 친구에게 내 속 이야기를 불쑥 꺼내면 상대는 당혹할 것이고, 십중팔구 내가 기대한 반응도 나오지 않을 것이다. 그러면 결국 내가 상처를 받을 확률로 높아진다.

내 속사정을 털어놓고 싶을 때는 이전부터 나의 상황을 잘 알고 있고 충분히 이해하는 친구를 찾아가는 것이 현명한 방법이다. 내 마음에 어떤 시련이나 고통이 올 때 내 성격이나 성향을 이미 잘 알고 이해하는 친구가 있다면 그 아픔을 공감해주기가 훨씬 쉽기 때문이다. 그 친구가 "아, 네가 무척 힘들구나"라고 진심 어린 응대를 할 때, 그 공감은 내가 새롭게 설 수 있는 지지대가 된다. 이렇게 나의 약한 부분을 기꺼이 감싸주는 친구가 있을 때 우리는 구원을 경험한다.

동심원으로 연결된 사람들

우리는 사람 간의 교류가 점점 중요해지는 요즘, 친구를 만드는 일에 대해 생각하고 있다. 심리학자들은 10대와 20대에 만난 또래 친구가 평생을 가는 벗이 될 확률이 높다고 이야기한다. 생에 대해 알고 싶어하던 그때 같이 어울리던 사람들은 세상을 보는 안목이 비슷해지기 때문이라고 한다. 하지만 어린 시절 함께 자란 친구라서 당연히 나와 모든 것을 공유한다고 생각한다면, 그것은 착각이다.

언젠가 여성들끼리 모인 자리에서 친구를 주제로 이야기하던 중이었다. 모임에 참석한 한 젊은 여성이 친구라고는 어릴 때 알던 사람들이 전부인데, 어른이 되고 이제 다른 길을 가다 보니 점점 생각의 방향이 달라지면서 서로 중요한 문제를 나누기 힘들어졌다고 고백했다. 그 여성은 "그 친구들이 더 이상 소중하지 않다는 게 아니에요. 나를 누구보다 잘 안다는 점에서 정말 허물없고 좋은 친구들이죠. 그렇지만 인생을 살아가면서 계속해서 새로운 친구도 사귀어야 하고, 그래서 제 삶의 지평을 넓혀가야 한다는 걸 절감했어요."

오래 알아온 친구는 편안하지만, 혹시 그 편안함 속에 안주하고 있는 건 아닌지 살펴보아야 한다. 새롭게 만나는 친구들을 통해 내가 알지 못했던 세상을 배우고 또 익혀 나갈 때 우리는 성숙해진다.

사람들은 벗이 가장 소중한 때가 특히 노년이라고 한다. 평생의 반려자가 떠나거나 자녀가 독립을 하여 홀로 남게 되면, 그때는 벗이 있는 사람들이 훨씬 풍부한 삶을 살아간다. 그러나 평생 친구를 사귀는 연습을 하지 못한 사람이 노년에 친구를 새로 사귀는 일은 아마 거의 없을 것이다. 그러니 더 늦기 전에, 현재 나는 얼마나 다양한 친구들을 사귀고 있는지 한번 생각해보면 어떨까.

나와 비슷한 성적에 비슷한 학교에, 비슷한 일을 하는 친구만 고집한다면 아마 친구라는 존재는 나에게 아무런 자극도 영감도 주지 않을 것이다. 한번쯤 나와 신앙관이 전혀 다른 친구의 이야기를 경청하고 나와 전혀 다른 환경에서 자란 친구의 세상을 만나보면서, 우리 앞에 놓인 생의 여러 문을 열어보자.

특히 요즘은 이동이 잦은 삶을 산다. 사람들에게 자신이 살던 곳을 한번 세어보라고 하면, 대부분이 생각보다 많이 옮겨 다녔음을 알게 된다. 같은 지역에서 이사를 하는 경우도 있고, 다른 지방이나 아예 해외로 나가서 살았던 경험도 있을 수 있다. 이렇게 이동이 잦은 삶을 살 때에는 내가 의도적으로, 혹은 의식적으로 친구를 만들어가야 한다. 앞서 이야기한 켈리처럼 말이다.

지금 내 삶을 돌아보니 나는 친구가 참 다양하다. 함께 직장을 다니던 친구도 있고, 취미 생활을 같이하는 친구도 있다. 주말마다 봉사를 다니다 만난 친구도, 신앙 공동체에서 만난 친구도 있다. 때로는 멀리 있는 친한 친구보다 옆집에 사는 이웃과 더 허물없이 마음을 주고받는 사이가 되기도 한다. 삶의 길목 여기저기에서 새롭게 만나는 친구들이 있는가 하면, 오랜 삶의 동반자 같은 친구들도 있다. 친구마다 그 깊이는 모두 다르지만, 그들이 삶의 축복을 가져다준다는 사실만큼은 의심의 여지가 없다.

지친 날에는 서로 위로해주고 생의 성취를 함께 기뻐해줄 벗이 있다면, 그 사람의 인생은 그것만으로도 아름다울 것이다. 물질주의의 팍팍한 일상에서 긴장을 풀고 느긋하게 서로 살아가는 이야기를 나눌 사람이 없다면, 서둘러 만들어야 한다. 혹시나 잃어버린 친구가 있다면 더 늦기 전에 다시 찾아내야 한다.

사람을 사귀려면 밖으로 나가 무엇이든 활동을 하는 게

좋다. 일단 밖으로 나가야 사람을 만나기 쉽기 때문이다. 자의든 타의든 말이다. 친구는 어떤 일을 도모하다 만나기도 한다. 같은 커뮤니티에서 자주 엮인다든가, 학교에서 단기간 프로젝트라도 계속 붙어 진행하다 보면 동료였던 사람이 어느 순간 친구가 된다.

잊지 말자. 내가 그 동료들과 친구가 되었다는 것은 그 동료와 내가 이해관계와 상관없이, 서로 잘되기를 기원하고 또 힘든 일을 당할 때 기꺼이 지원하겠다는 뜻이다. 특히 이 팬데믹 시대에는 네트워킹을 통해 좋은 일을 하는 사람을 만나 함께 일을 추진할 수도 있다.

이 세상에서 우리는 가깝고도 멀게 연결되어 있다. 지금 내 인생에서 정신적으로 또 물리적으로 가까이 연결되어 있는 사람, 그리고 조금 멀리 연결되어 있는 사람을 한번 헤아려보자. 더불어 전에는 가까웠지만 멀어진 사람까지도 가끔 생각해준다면 마음 따스한 일이 될 것이다. 반면 생각만으로도 너무 힘들고, 더 이상 의미를 주지 않는 어떤 관계라면 그 친구는 떠나보내야 한다. 그동안의 세월이나 함께 공유한 추억들 때문에 붙들고 있는 우정은 생명을 갉아먹는다. 그럴 때는 용감하게 가슴 시린 각오를 하고 떠나보내

주어야 한다. 그래야 새롭게 다가올 친구에게 마음을 내어 줄 수 있고, 그렇게 새롭게 다가올 축복을 기꺼이 만나는 기쁨을 누릴 수 있다.

2년 전 내가 우정에 관한 줌 수업을 열었을 때, 중년의 한 프랑스 여성이 내 수업을 들었다. 친구에 관한 글쓰기 과제에서 그 학생은 무척 인상적인 글을 썼다. 나는 이 중년의 학생과 더 깊은 대화를 나눌 기회를 갖지 못했으므로, 도대체 어떤 삶이 그가 이런 글을 쓰게 했는지 알 수 없었다. 하지만 다가오는 친구를 맞기 위해서 멀어져 가는 친구를 보내주는 삶의 진실을 아름답게 표현했다고 생각한다. 그 학생의 동의를 얻어 여기에 일부를 소개한다.

친구란 내 마음속에서 동심원으로 연결되어 있는 사람들이다. 내 마음의 원점과 맞닿는 정도, 그러니까 마음의 깊이에 따라 첫 번째 원, 두 번째 원, 그리고 세 번째 원이 있다. 우리는 살면서 친구가 멀어지거나 떠나가는 것을 경험하고, 이전보다 가까이 다가오는 것도 체험한다. 어떤 친구는 오랜 시간 동안 내 마음의 가장 가까운 원에 머무른다. 하지만 그 친구도 언제든 떠날 수 있다. 어떨 때는 서로 열정이나 마음이 요구하는 것들이 달라지기 때문이기도 하고, 혹은 나의 실수로, 혹은 단순히 물리적으로 깊은 관계를 유지할 수 없어서 그렇다.

친구와 나를 연결해주던 고리가 이 우정의 동심원에서 완전히 튕겨 나갈 수도 있고, 그 친구가 그것을 개의치 않아 할 수도 있다. 나는 매일 내 삶의 실존 앞에서 이 연결 고리를 확인한다. 그리고 나는 어떤 친구들을 나의 가장 깊은 마음, 첫 번째 원의 중심점으로 끌어오기도 하고, 또 세 번째 원의 가장자리를 맴도는 친구들을 발견하기도 한다. 원을 그리고 보는 일은 내게 아주 유익하고 고요한 시간을 선사한다.

한 사람이 인생을 살아가면서 진솔한 노래를 부를 수 있다면 그것은 친구들이 있었던 덕분이라고, 그래서 삶이 찬란했다고 말할 수 있기를 바라며 끝으로 시 한 편을 실었다.

우화의 강

마종기

사람이 사람을 만나 서로 좋아하면
두 사람 사이에 물길이 튼다
한쪽이 슬퍼지면 친구도 가슴이 메이고
기뻐서 출렁이면 그 물살은 밝게 빛나서
친구의 웃음소리가 강물의 끝에서도 들린다

처음 열린 물길은 짧고 어색해서

서로 물을 보내고 자주 섞여야겠지만

한세상 유장한 정성의 물길이 흔할 수야 없겠지

넘치지도 마르지도 않는 수려한 강물이

흔할 수야 없겠지

긴 말 전하지 않아도 미리 물살로 알아듣고

몇 해쯤 만나지 못해도 밤잠이 어렵지 않은 강

아무려면 큰 강이 아무 의미도 없이 흐르고 있으랴

세상에서 사람을 만나 오래 좋아하는 것이

죽고 사는 일처럼 쉽고 가벼울 수 있으랴

큰 강의 시작과 끝은 어차피 알 수 없는 일이지만

물길을 항상 맑게 고집하는 사람과 친하고 싶다

내 혼이 잠잘 때 그대가 나를 지켜보아주고

그대를 생각할 때면 언제나 싱싱한 강물이 보이는

시원하고 고운 사람과 친하고 싶다

상처받은 인간다움에게

7장 생에 대한 정직한 성찰, 페미니즘

벌써 20년 전이었다. 미국 버클리에서 요한복음 수업을 들었을 때 샌드라 슈나이더스Sandra M. Schneiders는 나의 스승이었다. 나는 그분으로부터 학문적으로 지대한 영향을 받았다. 여성주의 신학의 기초를 놓은 사람을 꼽으라면 로즈메리 류터, 엘리자베스 쉬슬러 피오렌자, 그리고 샌드라 슈나이더스를 들 수 있다.

특히 샌드라 슈나이더스는 신학 중에서도 영성학이 독립 학문으로 자리 잡는 데 기여한 학자이다. 여성주의적인 관점으로 새롭게 복음을 읽을 수 있도록 끊임없이 도전했던 이분의 요한복음 강의는 워낙 유명해서, 학교에서 가장 큰 강의실도 학생들로 꽉 찰 정도였다.

나의 페미니즘 선생님

강의에서 샌드라 슈나이더스 선생님은 주변인이 가지는 특권은 하늘나라를 고유한 시선으로 보는 일이라고 못 박으셨다. 그러면서 신부가 될 남학생들을 향해 "남자로서 누리는 그 특권 때문에 너희들의 시선은 게으른 나머지 시대의 표정을 보기 어렵고, 본다 한들 무딜 수밖에 없다"고 하셨다.

그러자 한 남학생이 손을 들고는 그런 이야기를 하는 것은 좀 지나치지 않느냐며 "이 수업의 반 이상이 남학생인데 계속 남자를 소외시키고 비하하는 발언을 하시니 불편하다"고 했다. 갑자기 교실이 조용해졌다. 그 남학생도 말을 하고 나서 스스로 당황한 기색이 역력했다. 싸해진 분위기를 깨뜨린 건 선생님의 호탕한 웃음소리였다.

선생님은 하하 웃으시면서 "이제야 여성들이 평상시에 어떻게 느끼는지 이해하겠구나. 이 느낌을 잊지 말고 늘 생각할 수 있으면 그게 은총일 거다"라고 말씀하셨다. 그날 여학생들은 수업을 마치고도 집에 가지 않고 삼삼오오 모여 강의 이야기를 계속했는데, 표정들을 보니 무척 고소해했던 것 같다.

강인하고 자신감 넘치는 페미니스트 학자를 내 교수로 모시는 것은 나로서는 신나는 일이었다. 그래서 늘 선생님의 세미나 전에는 일찍 가서 선생님의 책상을 닦아놓고, 어떤 날은 교정에 핀 꽃을 꺾어다두었다.

선생님은 내가 한국을 잊을 만큼 영어권 사람들 하고만 사귀도록, 한국 음식을 먹을 때도 미국 친구들과 먹도록 권하셨다. 미국에서 여성주의 학자가 된다는 것은 기본적으로 영어로 싸우는 것인데, 언어가 안 되면 어디에도 설 수 없다고 누차 강조하셨다. 조금이라도 완벽하지 않은 페이퍼는 읽어주지도 않으셨다. 그럴 땐 참 정나미 떨어질 정도로 싫었지만, 이제 돌아보니 그렇게 혹독하게 훈련해준 선생님께 감사하는 마음이다.

하지만 결국 한국적인 정서를 가지고 미국에서 살아가면서 공부하는 나로서는 선생님의 방식을 더 이상 따라 갈 수 없는 순간이 찾아왔다. 아시아 여성으로서의 나의 삶, 그러니까 이 지구화된 세상에서 백인이 아닌 여성으로 살아간다는 것이 무엇인지 생각하게 되면서, 나는 새롭게 공부를 시작해야 했다.

호미 바바의 《문화의 자리》는 내 눈을 띄워준 책이다. 이 책을 읽으며 나는 우선 유려한 영어에 감동했고, 그다음은 식민지를 경험한 사람들의 자리와 여성의 자리를 생각했다. 사실 미국에 오기 전까지는, 내가 아시아인이라는 것과 한국 여성이라는 것을 생각할 필요조차 없었다. 언어가 다르고 문화가 다른 이곳에 도착하는 순간 나는 아시아 여성이 되었다. 그때부터 아시아 여성으로서 나는 타인이 생각하는 나와 스스로가 생각하는 나 사이에서 끊임없이 갈등하기 시작했다.

그 후로 나에게 절대적인 페미니스트 선생님은 없었다. 어쩌면 모든 사람이 페미니즘을 가르쳐주는 선생님이었다. 서로 나누는 이야기가 살아가는 동안 보고 듣는 모든 것이 여성주의 교재가 되었다. 그저 함께 모여서 사는 이야기를 경청하면서 우리는 서로가 서로에게 배우는 것 같다. 그러니 유명한 선생님의 이야기를 듣는 것만이 중요한 게 아니라 소통의 자리를 유지하는 일이 중요하다.

그럼에도 불구하고 무언가 석연치 않은 부분이 있다. 페미니즘이 어떤 면에서 보편적인 개념이 되면서 인문학 수업의 거의 모든 커리큘럼에 포함되었다. 그런데도 사람들이 페미니스트에 거부 반응을 보이는 것을 보면 참 놀랍다. 내 수업에서도 당연히 페미니즘의 역사나 사회의 규율에 맞선 여성들과 그에 대한 이론들을 다룬다. 그런데 아이러니하게도 많은 여학생이 토론 중에 여성의 권익에 대해서는 자기들의 주장을 강력하게 펼치면서도 자신은 페미니스트가 아니라고 사족을 단다.

하루는 수업에서 학생들에게 이런 질문을 했다. "홀리네임즈라는 대학 캠퍼스에는 교수들도 있고 대학생들도 있죠. 어떤 사람이 이 캠퍼스에서 수업을 듣고 기숙사에서 살며 클럽 활동한다면 어느 학교 학생일까요?" 학생들은 황당해하며 "홀리네임즈 학생이요"라고 답했다.

나는 다음으로 이렇게 물었다. "그럼 여성의 인권에 대해 이야기하고, 동등한 권리와 남성 중심의 사회 구조를 비판하는 학생을 페미니스트가 아니라고 할 수 있을까요?" 이번엔 학생들이 선뜻 대답하지 못했다. 페미니즘이 거북

하다면 페미니즘이 가지는 이데올로기 자체가 싫은 것인지, 어떤 특정 이미지의 페미니스트가 거부감을 주는지 학생들이 생각해보았으면 했다.

여학생들은 원하는 것을 얻기 위해 지나치게 공격적인 페미니스트들의 태도에 거부감이 들고 거리를 두고 싶다고 고백했다. 어떤 흑인 여학생은 매일 꽥꽥거리며 분노하는 흑인 페미니스트 아줌마들이 정말 싫다고 이야기했다. 여성의 동등한 권리를 주장하는 사람들 중에서도 자기의 정체성에 페미니스트란 이름을 기꺼이 사용하는 부류와 그런 이름에 부담을 느끼는 부류가 따로 나누어져 있는 것 같았다.

왜일까? 혹시 페미니즘이 보여주는 배타성과 남성을 향해 표출하는 부정적인 감정과 태도 때문일까? 요즘은 초등학교 남학생들 사이에서도 "페미가 싫다"는 이야기가 거침없이 나오고, 대다수의 일반인이 페미에 거부감을 느낀다고 한다. 사회 전반에서 드러나는 페미니즘에 대한 이런 반감의 실체는 과연 무얼까? 진지하게 성찰해볼 문제이다.

사실 미국의 많은 학교에서 학생회장은 여학생이고, 우

리 학교의 학생회장도 수년째 여학생이며, 임원단의 대다수도 여학생이다. 미국의 중학교 1학년 남학생들에게 한 인터뷰에서 남학생들은 이런 의견을 제시했다. "내가 남학생이라는 이유로, 갑자기 내가 해온 모든 행동이 옳지 않다고 판단되는 느낌이다." "여학생들이 하는 말에 남학생이 반론을 제기하면 그 남학생을 바라보는 시선이 적대적으로 변하지만, 남학생들이 하는 말에 어떤 여학생이 반론을 제기하면 누구도 여학생을 아니꼽게 보지 않는다." "심지어 선생님도 무조건 여학생을 옹호하니 불평등하다." 중학교에 있는 페미 모임의 여학생들은 자기들의 의견이나 느낌을 표현하고 학교 안에 이슈를 만들지만, 남학생들은 거기에 동조하는 것 외에 따로 남학생 모임을 찾아보기 어렵다.[*]

그러면 정말 우리 사회는 오랜 남성주의의 역사를 극복하고, 남학생들이 역차별을 경험하는 사회가 되었을까? 결국 남성과 여성의 구분을 넘어 함께 살아가는 세상을 꿈꾸는 것은 불가능한 일일까? 여전히 분노하지 않을 수밖에 없는 사회일까? 그런데 과연 우리는 페미니즘이 무엇인지 분

---

[*] Andrew Reiner, *Better Boys Better Men*(New York: HarperOne, 2020), 13.

명히 이해하고 있을까? 냉정하게 이 문제들을 보아야 할 것 같다. 그러려면 우선 페미니즘을 이해하고, 이를 토대로 현대 남성의 위치와 남성성을 정리해보는 것이 순서일 것이다. 그리고 무엇보다 페미니즘 시대를 사는 남성들의 목소리를 들어야 한다.

나는 남성보다는 여성에게 애정을 가지고 살아왔기 때문에 내가 상대적으로 잘 알지 못하는 남성에 대해 쓴다는 것이 조심스럽다. 그럼에도 페미니즘이 인류애를 바탕으로 한 인간 연구라는 관점에서, 페미니즘의 역사부터 시작해 페미니즘의 현재를 진단하고 페미니즘을 과연 무어라 정의할 수 있을지 생각해보려 한다. 나아가 페미니즘의 한계와 사상을 위협하는 여성혐오, 이 혐오감을 조성하는 요인이 무엇인지, 마지막으로 이 여성주의 시대의 남성까지도 생각해보려 한다.

물결치는 페미니즘의 역사

미국 페미니즘의 역사에는 크게 세 가지 흐름이 있다. 첫 번째 물결은 1848년부터 1920년까지로, 여성들이 참정권과 재산권을 얻어낸 시기이다. 이 시기에 주목할 점은 여성들이 연대하여 목소리를 내고, 글쓰기를 시작했다는 것이다. 엘리자베스 캐디 스탠턴과 26명의 기독교 여성들은 여성의 눈으로 성서를 읽고 주석을 달아 주석집을 만들었다. 물론 활자도 읽기에 불편하고 인쇄 상태도 조악하지만, 나의 책꽂이에는 언제나 이 책이 꽂혀 있다. 이 책은 내게 여성주의는 여성들 간의 우정과 연대라는 맥락에서 시작했음을 떠올려주기 때문이다.

여성이 경제의 주체가 될 수 없었던 현실은 참정권 문제만큼 절실한 문제였다. 여성들은 자신이 가게를 운영해도 그 가게의 주인이 될 수도, 집을 살 수도 없었다. 지금으로서는 상상할 수 없는 일이지만, 겨우 100여 년 전의 현실이라는 것이 놀랍기만 하다.

1960년대부터 1980년 사이, 두 번째 물결이 밀려왔다. 이때 베트남 전쟁도 발발했다. 여성들은 사회의 불의와 폭력을 비판하기 시작했고, 동시에 성적 자유를 주장했다. 여성들은 히피 운동과 맞물려, 구속의 상징인 브래지어를 벗어 던지고 버클리 거리를 행진하며 기존의 억압적인 사회를 비판했다. 또한 가정 내 폭력이나 직장 내 불평등에 대해 목소리를 높였는데, 교회에 대한 비판도 이때 가장 활발했다.

여성들은 여성 사제직을 용인하지 않는 교단을 하나둘 떠나 여성 교회를 만들었다. 또한 여성의 자유를 옹호하고 여성들의 유대를 강조하는 책이나 영화가 많이 나왔고, 동성애자들의 연대도 큰 부분을 차지했다. 그 후 교육받은 많은 여성이 실제로 사회의 영향력 있는 자리를 차지했지만, 곧이어 그 여성들은 백인이며 엘리트 집단이라는 비판이 따라붙었다.

그 후 1990년대부터의 페미니즘을 세 번째 물결로 본다. 이 세 번째 물결은 유색인종 여성, 혹은 식민지를 체험한 여성의 자기 인식을 출발점으로 하여 미국이나 유럽에서 이민자나 소수자로 살아가는 여성들이 느끼는 소외를 표현한다. 그러나 글로벌한 세상에서 서구의 몸을 가지지 않은 여성들은 여전히 억압받고 저임금에 시달리며 대가 없는 가사 노동에 종사한다.

찬드라 탈파드 모한티는 그의 책 《경계 없는 페미니즘》에서 서구 식민지에 저항하는 이론과 함께 '글로벌 연대를 실천하기'에 대해 이야기한다. 그리고 세 번째 물결의 시기에는 여성주의가 실천 없는 담론에만 그칠 때 페미니즘의 의미는 퇴색한다는 것을 강조한다.

인도의 10대 소년 아주나트가 엄마의 하루를 그린 그림은 소셜 미디어에서 화제가 되었다. 아주나트의 아빠는 "니네 엄마는 집에서 하는 일이 없어"라고 했다. 아주나트는 고개를 갸우뚱했다. 소년의 눈에는 엄마가 하는 일이 아주 많았기 때문이다. 그래서 소년은 동네의 엄마들이 하루 동안 하는 일을 그리기 시작했다. 그렇게 탄생한 그림 〈엄마와 옆집 엄마들〉에는 여백도 없이 일상의 노동이 흘러넘친다. 빨래하고 청소하며 등교하는 딸의 머리를 만져주고, 물을 긷고 음식을 만드는 어머니의 고된 하루가 잘 담겨 있다. 눈에 보이는 여성의 노동을 두고 '하는 일이 없다'고 했으니, 그 말을 이해할 수 없던 소년이 직접 그림으로 보여준 것이다.

저는 남자고, 페미니스트입니다

나는 여름마다 한국에 들어가 여성주의 강의를 하거나 피정을 지도한다. (가톨릭에서는 일상을 벗어나 기도하고 사색하는 시간을 가지는데, 이것을 피정이라 부른다.) 대부분의 수강생이 여성이지만 매번 남성이 한두 명은 꼭 있다. 그들이 모두 여성주의자는 아니겠지만, 사람과 사람 사이의 소통을 꿈꾼다는 점에서 나에게는 소중한 사람들이다. 페미니스트 학자 로즈메리 류터는 페미니즘은 해방의 관점에서 바라보아야 하고, 해방과 자유를 향해 가는 모든 남성도 페미니스트 그룹에 속한다고 보았다.

19세기의 철학자 존 스튜어트 밀은 건강한 사회를 이루기 위해서는 인류의 반인 여성에게 동등한 교육의 기회와 권한을 주어야 한다고 주장했다. 그런 그가 《여성의 복종》이란 책을 그의 아내 해리엇 테일러 밀과 함께 썼다는 것이 흥미롭다. 그는 책에서 자신이 아내와 딸과 나눈 많은 대화에서 많은 영향을 받았고, 책의 내용은 상당 부분 그들의 생각이라고 밝히고 있다. 나는 여성과 남성이 함께 공정하게 사회의 문제를 바라보면서 썼다는 점에서 이 책이 어느 페미니즘 책보다 건설적이라고 생각한다.

딸을 둔 많은 아버지가 자신의 딸들이 살아갈 이 세상에 성 불평등이 없어야 한다고 생각하며 여성주의에 참여하기도 한다. 우리 아버지는 내가 집으로 들어오는 시간이 늦으면 버스 정류장으로 마중을 나와주시곤 했다. 아직도 내 귀에는 여느 때처럼 아버지와 함께 집으로 돌아가던 어느 날에 아버지가 해주신 말씀이 선명하게 들린다. "너는 너 하고 싶은 거 다 해. 아버지는 무조건 너를 응원한다."

우리 집이 부자가 아니었는데도 하고 싶은 걸 다 할 수 있다니, 그 말씀만으로 난 꿈을 꿀 수 있었다. 넓게 보자면 우리 아버지도 페미니스트였다고 생각한다. 페미니즘은 남녀의 구분을 넘어서는, 가장 인간적인 운동이기 때문이다.

하지만 현실은 이와 달리 남성이 페미니스트 그룹에서 곧잘 소외된다. 고백하자면 나에게도 남성에 대한 무조건적 거부의 시기가 있었다. 나와 생각이 다른 남자들은 친구 리스트에서 칼같이 줄을 긋고 다시는 보지 않았다. 또 박사 과정에 있을 때 페미니즘을 방법론으로 쓴다는 동료 남학생을 신랄하게 비판한 적이 있다. 이제야 깨달은 것이지만, 페미니즘은 남녀가 함께 가는 방법을 택해야 함을 지난날의 난 몰랐다. 남성은 소중한 담론의 파트너이자 실천의 동반자가 되어야 한다. 그런 열린 소통과 비판 속에서 남성과 여성의 사고와 실천이 성숙해간다는 걸 이제는 안다.

다시 말해, 근본적으로 페미니즘이란 결국 인간에 대한 존엄과 해방을 선포하는 운동이다. 그런 점에서 페미니즘은 남녀의 대립을 넘어서 인간성에 대한 신뢰와 자유를 확장하는 일련의 활동이어야 한다. 페미니즘은 사고와 실천을 동반하는 운동이고, 하늘 아래 어떤 운동도 완벽하지 않음을 기억해야 한다. 하지만 이런 사상은 결점과 부족을 통해 변증법적으로 발전하는 것이라고 나는 믿는다. 페미니즘이 누군가를 억압하거나 소외시킴으로써 증오를 낳는다면, 그것은 오히려 페미니즘의 후퇴가 아닐까?

소녀가 자신이 여성임을 행복해하고, 자랑스러워하며 멋진 여성으로 성장하듯이, 소년이 자신이 남성임을 기뻐하고 아름다운 남성으로 자라나기를 소망할 수 있을 때, 진정한 페미니즘이 뿌리를 내릴 수 있을 것이다.

언젠가 샌디에이고에서 피정을 지도할 때였다. 나는 기도자들과 서로 마음을 여는 작업으로 자기가 쓰고 있는 모자 중에 벗고 싶은 모자에 대해 이야기했다. 여기서 모자는 역할을 의미한다. 엄마의 역할, 딸의 역할 등등 우리는 사실 여러 개의 모자를 쓰고 산다. 한 중년의 남성은 "이제 아버지 없는 집안에 외아들이라는 모자를 벗겠다"고 했다. 그는 집안을 다 책임져야 하는 삶의 무게가 일생 자신을 내리누르는 것 같다고 이야기했다. 사람들은 그의 말에 동의하듯 살며시 웃으면서 고개를 끄덕였다.

우리가 기대하는 전형적인 남성상은 무얼까? 남자에게

편하고 유리하게 만들어진, 소위 말하는 가부장 제도에서는 남성만이 여성을 착취하는 사람일까? 전통적인 한국 사회의 남성은 어떤 사람일까?

외아들이나 큰아들은 가부장 제도에서 핵심 인물이다. 중세 유럽에서도 땅은 거의 큰아들이 상속받았고, 나머지 자녀들은 설사 유력한 집안이라 해도 땅을 물려받을 수 없었다. 그들은 기사가 되었고, 십자군 전쟁에 참여해 경제적인 이익을 챙겼다. 누릴 것이 없는 가난한 집안을 책임지는 큰아들의 삶에도 여성만큼이나 시름과 고통이 있음을 간과할 수 없다. 남성 중심의 세상에서도 소외된 남성은 분명 존재했다.

다시 현대로 돌아와보자. 지금처럼 여성의 인권을 옹호하는 시대에 미디어가 보여주는 남성은 거의 완벽에 가깝다. 능력 있고, 방금 만화를 찢고 나온 듯 잘 생겼으며, 섬세함은 이루 말할 수 없다. 여자 주인공은 좀 가난해도 되지만, 남자 주인공은 부유해야 한다. 내친김에 학벌도 좋고 근사한 직장에서 한자리하거나 전문직에 종사한다. 여성의 환상을 부추기는 이런 종류의 드라마는 한국뿐 아니라 미국에서도 인기다.

한국 드라마에 나오는 남자들은 모두 스윗하다. 스윗한 이들은 생각지도 않은 순간에 불쑥 꽃을 내밀 줄 알고, 다정하게 위로의 말을 건넬 줄 안다. 여자 주인공에게 무슨 일이라도 생기면 절묘하게 나타나 도움을 준다. 특히 결코 잘난 체하지 않는다. 아마도 모든 여성이 좋아하는 이상형이 아닐까 싶다. 게다가 자신이 어려움에 처하면 혼자 참아내고 여자에게 부담을 주지 않는다.

여기서 주목할 부분은 '혼자 참아내고'이다. 아픔이 있어도 깊이 감추고 말을 하지 않으면서, 묵묵히 일하는 모습이 꼭 우리네 아버지와 닮았다. 자식 교육을 위해서라면 물불 안 가리고 열심히 일하고, 소주 한잔에 고된 하루를 달래고 터덜터덜 집으로 걸어오는 아버지. 그러다 보면 자녀들과 사이는 멀어지고, 중년 이후의 삶이 고독하고 실패했다고 느낀다. 아직까지도 한국 가정에서는 남성이 가족의 생계를 책임지는 경우가 많다.

이렇게 보면 남성의 삶도 참 힘들지 않은가. 게다가 현시대의 가뜩이나 고단한 삶은 불가능이라는 커다란 벽에 가로막힌다. 1970년대에 우리나라는 급속한 경제 발전을 이룩하면서 무조건 열심히 하면 돈을 버는 성공 신화가 만연했다. 하지만 신자유주의 경제사조가 등장하면서 우리는 아무리 열심히 해도 그런 성공에 다가갈 수 없다는 것을 깨달았다. 우리가 기를 쓰고 노력해도, 애초부터 좋은 환경에서 무한한 지원을 받아온 사람들을 이기기는 쉽지 않다.

취업 준비생이란 단어는 듣기만 해도 마음이 짠하다. 대학에 들어가기 위해 그렇게 열심히 공부하고도 또 취직을 위해서 다시 학원을 가고, 도서관에서 정신줄 부여잡고 공부를 해야 하는 젊은이들의 현실이 마음 아프다. 집안 사정이 녹록지 않은 가정의 젊은이들은 편의점 같은 곳에서 알바를 하며, 고시원 같은 열악한 환경에서 지낸다. 출구가 보이지 않는 현실을 비관하며 극단적인 선택으로 목숨을 잃는 젊은이들도 있다.

이렇다 보니 현실의 남성들은 자칫하면 드라마 속 완벽한 남자주인공과 비교되는 캐릭터가 되기 십상이다. 무능하고 속이 훤히 들여다보이며 무턱대고 착하거나 심하게 주접을 떤다. 어찌어찌하다, 직장이 없고, 학교도 그저 그렇고 자신감은 없는데 자존심은 있다. 그래서 가끔 화를 버럭 내기도 하고, 남들에겐 게으른 루저로 보인다. 하지만 이런 사람들이 정말 그렇게 속이 없고 속물 같으며 게으른 걸까? 오히려 나는 이런 캐릭터에 더 정이 간다. 요즘 우리의 생이 대부분 그런 찌질함을 지니고 사는 것일 테니까.

지나친 남성성이 초래한 비극

과거 부모들은 여자아이들에게는 자기 감정을 표현하도록 도와주고, 남자아이들에게는 감정을 표현하지 않도록 가르쳤다. 남자아이가 자주 울거나 말을 너무 많이 하면 사내아이가 왜 우느냐고, 왜 과묵하지 못하냐며 핀잔을 주기도 했다. 이런 환경에서 자란 아이는 시간이 지나 어른이 되었을 때 자칫 지나치게 남성성을 강조하는 마초 문화를 당연시한다.

마초 문화는 특히 운동 선수 그룹이나 군대에서 활발하다. 선수 그룹에 들어간 어린 남학생들에게 성적 수치심을 주거나 폭력을 가하면서 그것을 남성성 훈련이라고 부르는 일도 비일비재하다. 미국 대학에서는 기숙사에서 술을 마시다가 여학생들을 성폭행하는 일도 사실 드물지 않다. 그런데 이런 경우, 남학생들은 서로 이런 일을 덮어주기도 하고 심지어 마치 남자들의 문화인 것으로 생각하는 경향이 있다.

자신의 감정에 친숙하지 않은 남성들은 친구들끼리 내면의 이야기를 나누기보다는 함께 몸을 움직이는 경우를 택하는 편이라, 함께 스포츠를 구경하고 맥주를 마시거나 등산을 간다. 설사 힘든 일을 이야기한다고 해도, 공감과 위로보다 해결책을 제시하는 경향이 높다.

나의 동료이자 경영학 교수인 짐은 텍사스 출신의 백인이다. 어느 날 그에게 남성으로서 어떻게 감정을 표현하냐고 물으니 어깨를 으쓱하며, 그런 것은 한번도 생각해보지 않았다고 했다. 자신은 항상 적절하게 행동하고 특히 감정을 내보이지 않도록 교육받았는데 지금까지 별문제 없이 살고 있다고도 했다. 그는 정말 신사적인 사람이지만 어쩐지 답답한 느낌이 들었다. 그래서 나는 "너는 젠틀하지만 좀 지루해"라고 농담을 했더니, 얼굴이 빨개지면서 아무 말도 못 했다. 그 모습에 괜스레 미안해져서 "칭찬이야, 칭찬"하고 얼버무렸던 기억이 난다.

남자들이 자신의 약점을 표현하는 데 익숙하지 않다는 것은 내가 가르치는 학생들을 보고도 알 수 있었다. 재미있게도 남학생들이 수업에서 야구 모자를 눌러 쓰고 있거나 하품할 때는 숙제를 해오지 않았다거나, 수업 내용을 이해하지 못할 때이다. 남학생들은 이해하지 못했다고 말하기보다는 마치 관심이 없는 척했다. 자존감을 회복하는 차원에서 괜히 다른 곳에다 자신의 우월감을 표현하려고 한다.

시애틀에서 중고등학생 모임 활동을 지도한 적이 있는데, 남학생들은 자기의 외모가 남성적이지 않거나 운동을 잘하지 못할 때 자신감을 잃었다. 한 남학생은 공부도 잘하고 용돈을 모아 가난한 지역에 보내는 멋진 소년이었는데, 운동을 못했고 다른 남학생들과 잘 어울리지 못했다. 오히려 나와 자주 대화를 했다.

소년은 자기는 매력이 없다면서, 그것을 잊으려고 마약에 손을 댔고 종종 음란 사이트도 접속했다고 고백했다. 하지만 음란 사이트에서는 여성을 노예로 다루듯 하는 영상이 많았고, 그런 걸 보면서 남성성을 회복하고 싶지 않아 더이상 보지 않는다고 이야기했다.

지금은 밀레니엄세대가 사는 시대다. 소위 Z세대로도 불리는 밀레니엄세대의 남학생들은, 자신의 감정을 터놓고 이야기한다. 그런데 재미있게도 남학생들은 내면의 느낌과 감정들, 그리고 자신이 겪는 어려움들을 주로 여학생들과 이야기한다. 나는 우리 학교에서도 남학생들이 여학생들과 서로 앉아 이야기하는 것을 많이 목격한다. 처음에 나는 이들이 캠퍼스 커플인 줄 알았는데, 알고 보니 친한 친구 사이였다. 남학생들은 친한 여학생들에게 삶의 어려움과 그에 대한 자신들의 감정을 터놓고 이야기했다. 여학생들이 자기의 속 이야기를 잘 이해해준다며, 남학생들끼리는 왠지 이런 대화를 하기가 힘들다고 귀띔했다.

이제는 과거보다 훨씬 더 많은 남성들이 사회적 규범이나 기대에 개의치 않고 자신의 감정을 나눌 수 있는 공간을 만들려는 움직임을 보인다. 마치 여성들이 함께 모여 여성의 삶을 나누고 힘을 얻는 것처럼 남성들도 모임을 시작한 것이다. 생각과 감정을 편안하게 나누고 함께 성장해가는 그런 모임들이 많이 생겨난다는 소식에 나는 반가운 마음이 들었다.

특히 학교생활에 잘 적응하지 못하는 고등학교 남학생들이 자신들만의 모임을 통해 학교 생활에도 훨씬 더 잘 적응하고, 학습 수행 능력이 향상되었다는 연구 결과도 많이 있다. 그룹 나눔이 스스럼없이 자신을 표현함으로써 내면의 편안함을 찾고 회복력을 향상하는 데 도움이 된다는 것이다. 저술가 앤드류 라이너는 이런 연구를 모아 《더 나은 소년들, 더 나은 남성들》을 펴냈다.

나는 연구 사실 중 내면을 고백하며 생각을 나누고 공감 능력을 훈련한 청소년들이 학습 능력도 좋아졌다는 점에 놀라는 한편, 어딘가 왜곡된 남성상, 혹은 지나친 남성성이 초래한 사회의 비극들을 생각했다.

자크 라캉은 무의지적으로 끌리게 되는 어떤 대상을 '대상 a'라고 불렀는데, 이 끌림은 긍정적으로 나타날 수 있지만 동시에 부정적인 혐오로도 나타날 수 있다고 한다. 가지고 싶은 것에 대해 억눌린 갈망과 동경이 지독한 혐오로 표현된다는 것이다.[*] 사실 혐오란 지극히 심리적인 문제이다. 그렇다면 펼쳐지지 못한 남성성이나 덮어둔 삶의 갈망들이 의식의 표면으로 떠올라 여성을 향한 혐오의 형태를 띠고 심한 경우 여성을 상대로 한 범죄로 이어진다고 볼 수 있을까?

2016년 5월 17일, 서울 서초구 강남역 인근의 상가건물 화장실에서 한 남성이 일면식도 없는 여성을 무참히 살해했다. 당시 가해 남성은 "사회생활에서 여성에게 무시당해 범행을 저질렀다"고 동기를 밝혔다.

---

[*] Jacques Lacan, *Écrits*, trans. Bruce Fink(New York: Norton, 1999), 663.

아마 대부분의 여성이 경험했을 것이다. 밤길을 홀로 걸어갈 때의 두려움이나 지하철, 버스 등에서 만나게 되는 불쾌한 순간을 말이다. 반면 대중교통이나 공공장소에서 누군가 자기 몸을 만지는 불쾌감을 체험한 남성에 대해서는 거의 들어본 적이 없다.

또한 인터넷을 통한 여성 인권 침해도 점점 그 수가 정도를 넘어선다. 아마 우리 사회가 가장 충격을 받았던 여성혐오는 N번방 사건일 것이다. 남성들이 가하는 위협은 가정이나 학교 같은 가장 안전하고 보호받아야 할 곳에서 일어난다.

한국의 여성 상담학자 이미혜 선생은 "젊은 여성들이 데이트 폭력에 노출되어 있는 상황은 상상을 불허할 정도로 두렵고 또 폭력적인 것"이며, "데이트 폭력을 돕는 사람들까지 간접적으로 폭력에 영향을 받는다"고* 한국 사회의 현실을 이야기한다.

---

* 소통과 치유의 대표 이미혜와의 인터뷰는 2020년 7월 15일 전화로 이루어졌다.

누구를 위한 페미니즘인가

페미니즘과 관련해 어쩌면 여성혐오만큼이나 고질적인 사회적 문제로 경제 구조를 꼽을 수 있다. 경제 피라미드 위에는 소수의 기득권층이 있고, 대부분의 남성이 그 자리를 차지해왔다. 정치·경제·사회의 모든 제도는 남성에게 유리한 방식으로 운영되어왔기 때문이다.

그래서 여성들은 꾸준히 투쟁하여 조금씩 그 자리를 차지했다. 대학교수, 기자, 의료 전문가, 언론인 등, 여러 전문직에 종사하는 여성들이 나타나기 시작했다. 한동안 매스컴에 자주 등장하는 문구가 "최초의 여성 비행사" 혹은 "최초의 여성 의사" 등이었다.

이젠 여의사, 여교수 등의 타이틀을 쓰지 않게 되었으니, 인식이 개선된 느낌이다. 2020년 미국에서는 이민자 가정 출신의 인도 여성이 부통령이 되었다. 그런가 하면 여성의 직업으로 간주하였던 간호사를 남성들이 선택하고 있다.

하지만 여성의 평균 급여가 남성보다 적고, 임신과 출산 등 여성의 조건이 직장에서 부담스럽게 취급되며, 아직도 명절이 다가오면 며느리들은 스트레스를 호소한다. 장안의 화제였던 《82년생 김지영》을 읽어보면 한국 사회의 평범한 현대 여성이 얼마나 자신의 감정을 누르고, 사회가 요구하는 여성의 틀에 맞춰 살아가고 있는지가 명료하게 보인다.

미국의 우리 동네 신문에 '팬데믹 동안 가난을 철저하게 경험한 것은 주로 여성 근로자, 특히 육체노동을 하는 직종의 여성'이라는 기사가 실렸다. 비전문직 여성들은 주로 식당 등 서비스업에 종사하기 때문에 사람들과 얼굴을 맞대고 일하며, 모든 가게가 문을 닫자 결국 여성들은 일자리를 잃었다. 더구나 자녀들을 돌보아야 하는 엄마들은 학교가 폐쇄되고 온라인 수업으로 바뀌면서 일터가 있다 해도 일을 할 수 없는 상황에 처했다. 물론 일반화할 수 없지만, 이것은 백인 여성보다는 멕시칸, 아시아, 흑인처럼 유색인종 여성들의 이야기라는 것을 부정할 수도 없다. 결국 이런 상황은 페미니즘의 첫 약속인 '함께'의 약속을 저버린 건 아닐까.

미국에서 오전 열 시는 매직 타임이다. 직장에서는 잠깐 커피를 마시며 숨을 돌리고, 동네에서도 여유로운 산책을 즐기는 사람들을 볼 수 있는 시간이다. 그리고 동네를 슬슬 걷다 보면 보모들도 적지 않게 만난다. 그들은 거의 대부분 멕시코나 과테말라 같은 나라에서 온 남미 계열의 여성들인데, 유모차에 탄 아이들은 보통 백인이다. 그러니까 아이의 백인 엄마가 밖에 나가 고급 전문직에 종사하는 동안, 값싼 노동력을 제공하는 이 여성들은 소위 페미니스트들이 주장하는 구조적 불평등을 실질적으로 겪는 것이다.

경제적 어려움을 모르고 살아가는 여성들은 다시 한번 지금의 페미니즘은 백인이자 중산층 이상 여성들의 전유물에 불과하다는 사실을 인정해야 한다. 《나쁜 페미니스트》를 쓴 록산 게이는 사회 문화적으로 깔려 있는 여성에 대한 억압과 대상화는 여전한데도 소수의 엘리트 여성들이 얻은 지위를 마치 전체 여성의 지위로 이해하면 안 된다고 주장한다. 이 책이 많은 사람에게 공감을 준 이유는 기존의 페미니즘을 불편해했던 보통 여성이 자기 경험을 서술했기 때문일 것이다.

현재 페미니즘이 지식을 가진 사람들의 것, 권력을 가진 사람들의 것이라면 페미니즘은 실패했다. 여성들이 숨죽여 살아야 하는 세상, 그리고 경제적 불평등의 구조 속에서 하루의 끼니를 걱정하는 한 가정의 어머니와 인신매매로 팔려와 알 수 없는 나라의 거리에서 자기 몸을 내놓는 젊은 여성들이 실패의 방증이다.

페미니즘이 여성의 이익을 이야기하는 운동이 아니듯이, 남성주의도 단순히 남성의 힘을 되돌리는 운동이 아니다. 이제 우리가 얻고자 노력해야 하는 것은 남성과 여성이 나와 다른 성의 인간의 역동을 이해하는 안목이다. 21세기 신자본주의를 살면서 우리에게 필요한 것은 이해와 타자에 대한 배려이다. 페미니즘의 언어와 내용은 하루하루 정직하게 삶을 성찰하는 데서 달라져갈 것이고, 거기에 인간이 담길 때 페미니즘의 약속이 세상을 따스하게 변화시킬 것이다.

8장 인간을 구원하는 예술

인생이 빛나는 순간은 언제일까? 사랑하는 사람의 반짝이는 눈동자, 슬픈 얼굴을 한 사람의 발걸음, 안개 속에 우뚝 선 오래된 수도원 벽의 푸른 잎새들, 편안하게 늙어가는 길모퉁이 가게 할머니의 인자한 모습 등 모든 것은 아름답다. 결국 이런 수많은 아름다움을 보고 만지는 어떤 순간에 우리 생은 빛난다.

아름다움은 인간을 구원한다고 신학자 정현경은 말했다. 예술이 위대한 이유는, 우리의 무기력한 삶 틈새로 인간을 구원하기 때문일 것이다. 사실 예술이 무엇인지 명확하게 정의하기는 거의 불가능하다. 그래서 나도 그저 내게 감동적인 어떤 작품들에 대해 하나하나 생각하는 게 현명하다는 나이절 워버턴의 충고에 따라*, 인간의 삶을 아름답게 만들고 인간이 그 아름다운 삶을 생각하게 하며 또 꿈꾸게 하는 예술의 단상을 모았다.

방구석 최후의 만찬

　요즘 우리는 넘치는 이미지에 파묻혀 산다. 어떤 예술품도 손가락 몇 번만 움직이면 쉽게 볼 수 있다. 스마트폰으로 시작하는 현대인의 하루는 이미지의 연속으로 보아도 무방하다. 우리에게 다가오는 이미지들은 제각기 전달하고 싶은 메시지를 담고 있는데, 그 메시지들은 인간의 정서에 호소한다. 어떤 방식이 되었든, 우리는 이야기가 있는 모든 이미지를 통틀어 예술이라고 부른다.

　따라서 예술은 텍스트로도 이해할 수 있다. 의미를 전하는 텍스트는 문자뿐만 아니라 춤 같은 움직임, 영화, 조형, 그림까지도 일컫는다. 텍스트로 이해하는 예술이란 삶의

*　나이절 워버턴, 《그래서 예술인가요?》, 박준영 옮김, 미진사, 2020. 이 흥미로운 책에서 저자는 예술에 대한 이러저러한 정의, 즉 예술은 의미를 가지는 형식, 혹은 감정을 표현하는 것, 가족 유사성 등을 소개하면서도, 결국은 개인에게 다가온 예술품을 놓고 감상을 통해, 예술을 정의하는 것이 현명하다는 재미있는 결론을 내렸다.

의미를 생산하는 것이고, 그런 면에서 내가 서 있는 삶의 자리에서 발생하는 늘 변하는 현상이 모두 예술이다.*

내가 태어나서 처음 접한 그림은 아버지 서재의 벽장 속에 붙여진 〈최후의 만찬〉이었다. 무료하던 어느 오후, 우연히 벽장 문을 열었다가 예수님과 제자들의 만찬 장면과 정면으로 맞닥뜨렸다. 그때 나는 최후의 만찬이 무얼 의미하는지 전혀 알지 못했다. 무언가 정다운 사람들끼리 하는 위대한 식사라는 느낌만이 강렬하게 남았다. 지금 생각해보면 벽에 걸어둔 그 그림은 흔하디흔한 복사판이었지만, 늘 내 마음 깊은 곳에서 거룩한 식사로 남았다.

어른이 된 나는 밀라노에서 진짜 〈최후의 만찬〉을 볼 기회를 얻었다. 그런데 기분이 이상했다. 성마리아 성당에 딸린 수도원 식당 벽에 그려졌던 진품을 보는데, 어린 날 보았던 벽장 속 〈최후의 만찬〉이 그리워진 것이다. 아버지의 책 냄새, 내 어린 시절의 무료하던 오후, 그리고 막연하게 느껴졌던 예수님과의 저녁 식사 같은 추억들이 담겨 있기 때문이었을까. 내게 진짜 〈최후의 만찬〉은 새벽부터 달려나가

---

* Sandra M. Schneiders, *The Revelatory Text: Interpreting the New Testament as Sacred Scripture*(Collegeville, MN: Liturgical Press, 1999).

잠깐 본 그림이 아니라 지금은 사라진, 내가 자란 옛날 우리 집 벽장 속 그 그림인 것 같다. 나에게 진정 예술은 어느 쪽일까?

클래식 그리고 오리엔탈리즘

예술은 사실 오랜 시간 귀족들의 소유였다. 우리는 너무 통속적이지 않으며 우리의 정신을 고양해주는 고급 예술을 클래식이라고 부른다. 클래식이란 용어는 고대 로마의 주민 분류 행정체계에서 사용되던 단어이다. 고대 로마는 소득 정도에 따라 다섯 개의 등급으로 계층을 나누었고, 그중 가장 높은 계층을 클래식이라고 불렀다.* 그런 귀족들에게 존재를 초월하는 궁극의 미덕은 조화와 균형이었다.

귀족들은 그 조화와 균형으로 그들의 지배 논리를 확장하고 보장받았다. 로마 제국이라는 거대한 영토를 통제하기 위해 정치, 경제, 사회, 문화 그리고 군사 체제를 완전한 조화와 균형이란 명제 아래 배열했고, 그 틀을 벗어나는 사

---

* 강성원,《미학이란 무엇인가: 아름다움의 이론과 아름다운 영혼의 이론》, 사계절, 2000, 19쪽.

고나 표현은 금기시했다. 조화와 균형이 누구의 시선인지는 중요하지 않았다. 세상의 모든 물질로부터 황금비율을 찾아 그 비율을 반복하고 아름답게 여길 뿐이었다. 로마 제국은 유럽, 아시아, 아프리카를 아우르는 거대한 영토를 가지고 있었기에 다양한 종교와 문화를 수용해야 했다. 이마저도 로마를 중심으로 로마와 어울리는 한에서만 받아들여졌다. 그러니 우리가 클래식이라 규정한 예술 뒤에는 누구의 기준에 부합하는 것인가 하는 복잡한 힘의 문제가 숨겨져 있다.

비슷한 관점에서 오리엔탈리즘orientalism 예술도 언급하지 않을 수 없다. 오리엔탈리즘은 서구인들이 식민지화된 타자를 어떻게 기술했는지 잘 보여주는 특정한 용어이다. 에드워드 사이드는 그의 책《오리엔탈리즘》에서, 서구 유럽이 이집트, 튀르키예 등의 이슬람 문화를 어떻게 왜곡된 시선으로 일반화했는지 지적했다.

기독교를 믿는 서구인들은 특히 중세 시기 동안 그들보다 경제적, 사회적으로 훨씬 강력했던 이슬람 제국에 열등감과 적대감을 품었다. 이슬람 국가들이 쇠퇴하고 서구의 식민주의가 시작되는 18세기에서 19세기 무렵, 그들의 시선은 튀르키예, 이집트, 그리스, 모로코 등의 색다른 문화와 기술로 집중된다. 서구의 주체 의식은 결국 타자를 감각적이고 야만적으로 여김으로써 우월성을 확인하는 방식이며, 이는 오리엔탈 예술품에 가장 잘 드러나 있다.

오리엔탈 예술은 매우 이국적이고 또 환상적이다. 작품에서는 백옥처럼 하얀 피부를 가진 여성들이 관능적인 표정으로 탕에서 목욕을 하고, 그 한가운데 서 있는 무슬림 복식의 남자를 볼 수 있다. 오리엔탈 예술의 주된 소재는 오달리스크Odalisque라 불리는, 오스만 튀르크 제국의 황제 술탄의 여인들이 살던 할렘에서 시중을 들던 여종들이다.

역사적으로 이 오달리스크들이 살던 할렘은 외부인의 출입이 엄격히 금지되었다. 그러니 이 그림들은 모두 서구인의 '타자에 대한 환상'에서 나온 작품이다. 우리에게 잘 알려진 르누아르나 들라크루아, 앵그르 같은 작가들의 작품에도 오달리스크라는 제목이 심심치 않게 등장한다.

예술은 그 시대의 정신, 그 시대의 감성을 반영한다. 시간이 흐르고, 이제 포스트 식민주의 시대 사람들은 이런 그림을 어떻게 바라보아야 하는지 잘 알고 있다. 더 나아가 똑똑한 자본주의는 튀르키예 어느 시골 가게에 자기들과 전혀 관련이 없어 보이는 오리엔탈 아트의 복제품을 가져다

놓고 팔고 있다. 이들은 그림에 나오는 대상이 어차피 나와 상관도 없고, 관광객들의 오리엔탈 환상을 부추길 수 있다면 뭐든지 내다 팔 각오가 되어 있다. 우리는 이런 사람들과 같은 세상에 살고 있는 것이다.

자본과 예술의 떼려야 뗄 수 없는 관계

오래전부터 예술과 자본은 함께했다. 우리가 존경해 마지않는 르네상스 시대의 예술 뒤에도 예술가들의 든든한 후원자, 피렌체의 부자 메디치Medici 가문이 있었다. 우리는 문예부흥을 이루었다며 르네상스 시대를 동경하지만, 그런 부흥의 원동력은 십자군 전쟁으로 이익을 챙긴 이탈리아의 도시국가들이다.

특히 피렌체에서 금권주의가 발동하고 섬유 사업으로 큰돈을 챙긴 메디치 가문은 은행 업무를 시작하면서 왕에 버금가는 지위를 갖게 되었다. 가끔 중세 도시에 있는 박물관에 들러 그림들을 보면, 성스러운 인물화나 작품 귀퉁이에 재정을 지원한 메디치 가문 사람들의 얼굴이 등장한다.

피렌체의 '갤러리 델 아카데미아' 박물관의 다비드상을

떠올려보자. 미켈란젤로의 이 흰 대리석 작품을 보면, 우선 5미터가 넘는 크기에 압도된다. 이 큰 조각상은 모든 것을 다 할 수 있을 듯한 젊은 다윗(다비드)을 묘사했다. 필리스틴의 적장 골리앗을 향해 돌멩이를 던지는 다윗의 표정은 오만하고 신경질적으로 보이는데, 팔의 섬세한 근육과 불거진 힘줄, 탄탄한 넓적다리를 보면 감탄하지 않을 수 없다.

우리는 이 조각이 성서에서 나오는 이야기의 한 장면을 묘사하고 있다는 것을 잘 알고 있다. 어찌 보면 이 청년 다윗은 하느님만을 믿고 나선 철부지 어린아이가 아니라, 자기의 권력과 힘을 자랑하는 메디치 가문에 더 가깝다. 결국 이 멋진 작품 뒤에는 미켈란젤로에게 빵을 제공하는 부유한 누군가가 떡 버티고 있었다.

이렇게 예술이 생산되기 위해서는 자원이 필요하다. 그림을 그릴 물감은 얼마나 비쌌던가. 황금색의 물감은 값이 꽤 나가서 특별한 지위에 있지 않은 한 일반 사람들은 구할 수도 없었다. 그림을 구경하러 가면 나는 늘 야수파 화가들의 색깔에 매료되는데, 특히 마티스의 그림이 좋다. 그의 〈열린 창문〉이란 작품을 보면 초록과 빨강, 분홍과 연두 등 아름다운 색깔에 행복감을 느끼게 된다. 그가 만들어낸 그

멋진 색깔도 어디선가 구입한 물감으로 창조되었을 것이다. 그림을 그리기 위해서 물감을 사야 한다는 엄연한 현실을 우리는 기억해야 한다.

이란 감독 라흐바르 간바리의 영화 〈창문〉에서 가난한 철도 노동자의 열두 살 아들 알리는 자신의 고유한 관점으로 자연을 바라보고 그림을 그린다. 소년은 석류 소스에서 빨간색을, 불쏘시개에서 검은색을 찾아 쓴다. 프랑스 화가 툴루즈 로트레크는 항상 돈이 없어서 버려진 시멘트나 종이에다 그림을 그렸고, 이중섭은 담뱃갑 속 은박지를 썼다고 한다. 이처럼 좋은 물감을 구하는 것도, 그림을 그릴 캔버스를 가지는 것도 가난한 사람들은 엄두도 못 내는 일이다.

미국 남부 앨라배마주의 농장에서 노예로 일하던 빌 트레일러는 늙고 병든 채 길거리에 버려졌다. 노숙인이 된 그는 거리에서 광고지나 판자 위에 그림을 그렸다. 그의 그림을 보면, 노예 시절의 아픈 기억들이 만화같이 표현되어 있어 다소 유쾌하게도 보인다. 그러나 노숙자의 그림을 눈여겨보는 사람은 아무도 없었다. 1939년의 어느 날 산책하던 화가 찰스 셰넌이 빌 트레일러의 그림을 우연히 보기 전까지 말이다. 찰스 셰넌은 그를 후원하기 시작했다. 노예 출신 빌 트레일러의 그림이 어마어마한 값에 팔리지는 않았지만 그래도 빌 트레일러가 우연히 찰스 섀넌의 눈에 띄지 않았다면, 그의 작품들은 아마 그대로 사라졌을지 모른다.

그렇다면 이 세상에 과연 순수예술이란 것이 가능한 것일까? 여전히 우리는 마치 르네상스 예술이 완벽에 도달한 아름다움인 것처럼 이야기하지만, 누구의 기준으로 그 아름다움이 완벽하다는 것인지는 말하지 못한다.

특히 20세기 서구인이 아닌 동양인으로 살아가는 우리에게 르네상스 예술이 보여주는 미美 혹은 정신은 14세기 이탈리아의 도시국가가 만들어낸 그들의 세계관(있는 그대로 사실처럼 표현하고픈)임을 기억할 필요가 있다. 그러니 우리는 조금은 삐딱한 눈으로 그 예술이 담고 있는 르네상스 시대의 자기만족을, 그리고 가진 자를 위해 자신의 재능을 팔아야 했던 예술가들의 고뇌를 볼 줄 알아야 한다.

우리는 서구의 유명한 작가들의 이름을 대면서 고전을 알고 즐긴다고 쉽게 착각한다. 혹시 당신은 여행을 갔을 때 무리해서 박물관을 방문하고, 중고등학교 시절에 들었던 화가의 이름과 작품 이름을 기억해가며, 머릿속의 지식을 다지려 하는가? 이런 태도가 잘못된 것은 아니지만, 이런 경험이 있다면 한 번쯤 스스로 질문해야 한다. '나는 왜 이 작품을 보려고 이리저리 뛰어다니지?' 클래식이란 시대를 뛰어넘어 여전히 인간에게 감동을 주는 작품이다. 따라서 서구의 지적 권위, 미적 질서라는 부분을 감안하고도 여전히 내게 감동을 준다면 그제야 진정한 클래식이 될 것이다. 세상에 절대적인 힘을 가진 것은 없으므로.

나는 한때 수업 시간에 클래식을 무엇이라고 규정할 것인가를 주제로 세미나를 열었다. 그리고 재미있게도, 생텍쥐페리의 《어린왕자》를 고전이라 할 수 있는지 토론했다. 다른 고전에 비하면 최근 작품이지만, 그래도 이 작품이 보편적으로 인류에게 주는 공감이 분명 있으니 학생들은 고전이라는 데에 동의하는 분위기였다.

아직도 우리는 어떤 특별한 계층을 위한, 그들의 의한 작품들을 고전이라고 하는 것은 아닐까. 나는 개인적으로 레오나르도 다빈치의 〈모나리자〉를 그다지 좋아하지 않는다. 이 작품은 나에게 어떤 말도 걸어오지 않는다. 그래서 세상이 아무리 극찬을 해도, 난 레오나르도 다빈치의 〈모나리자〉보다는 〈세례받는 그리스도〉가 훨씬 좋고, 또 내 마음을 움직이는 그림을 꼽으라면 천경자의 〈꽃과 여인〉을 꼽고 싶다.

요즘은 꼭 붓을 가지고 그리지 않아도, 원근법을 쓰지 않아도, 내가 보는 세상을, 내가 느끼는 감정을 쉽게 표현할 수 있게 되었다. 나는 너무 사실적으로 그려진 그림에는 그다지 감동을 받지 않는다. 아무리 정교하게 그려도 사진만큼 정교하지는 않기 때문이다. 그러다 보니 작가가 느낀 색이나 형상을 통해 어떤 진실을 표현하는 그림을 더 선호하며, 그것은 기꺼이 예술이라 부른다.

사실주의적인 기법은 사진기가 발명되면서 존재의 이유가 없어졌다. 아날로그 시절에는 필름을 인화하는 등 여러 가지 기술이 필요했지만, 스마트폰이 가져온 기술의 혁명은 누구나 자기의 시선을 표현할 수 있게 했다. 요즘은 누구나 별 어려움 없이 사진을 찍을 수 있다.

이제 사진은 찍는 사람이 보는 아주 고유한 시선을 보여준다. 그래서 사진은 이미지를 소유하고 발견하는 주체로서의 인간을 창출했다고 이야기할 수 있다. 프로와 아마추어의 경계가 흐려진 셈이다. 내가 사진을 좋아하는 이유는 사람들이 각자 저마다의 시선으로 나무를 보고 하늘을 본다는 것, 각자 다르게 사물과 사람들과 조우하며 살아간다는 것을 몇 초 만에 가르쳐주기 때문이다.

한편 미국의 예술 평론가 수전 손택Susan Sontag은, 사진은 결국 미학적인 소비주의에 근간을 두고 있다고 지적했다.* 사진은 여러 가지 기술을 사용하고, 대상을 왜곡하거나 변용할 수 있기 때문에 작가가 전달하고자 하는 메시지를 확실히 보여줄 수도, 숨길 수도 있다. 노란 단풍잎을 찍어도 필터를 씌우면 얼마든지 보라색으로 만들 수 있는 것이다.

수전 손택은 사진을 찍는 행위와 윤리성에 대해서도 지적한다. 예를 들어 베트남 전쟁 중 폭격을 당해 고통과 공포에 떨며 벌거벗은 채 달려나오는 소녀를 찍은 닉 우드의 유명한 사진을 놓고, 그런 결정적인 순간에 소녀를 돌보는 인간적인 행위를 먼저 하지 않은 채 사진을 찍는 사진가와 그 사진을 보며 환호하는 대중의 윤리성까지 신랄하게 지적했다. 사진을 어떻게 읽고, 또 어떻게 이해할까 고민하는 일은 사진의 구도가 어떠하고 왜 아름다워 보이는가를 분석하는 일보다 훨씬 긍정적인 작업이 될 것이다.

---

* 수전 손택,《사진에 관하여》, 이재원 옮김, 이후, 2005.

소비사회에서 예술을 생산하는 것은 특별한 재능을 가
진 소수의 사람이라고 해도, 그 예술을 소비하는 것은 다수
의 대중이다. 그래서 모든 현대 예술은 오늘을 사는 사람들
의 다양한 기호와 표현을 담은 대중 예술이라 할 수 있다.
대중 예술이라면 무언가 통속적이고 지나치게 감각적이어
서, 쉽게 감동하지만 여운은 오래 남지 않는다고도 볼 수 있
다. 그러나 앞에서 말했듯, 클래식이란 것이 지배 계층의 영
향력 아래 발전한 것으로 생각해보면 이 자본주의 시대에
클래식과 대중 예술의 구분은 꽤 흐려졌다.

대중 예술은 가장 개인적인 것으로 가장 보편적인 것을
호소한다. 미국 문화에서 대중 예술은 특히 젊은 세대에게
커다란 영향을 미치며 정치의 수단이 되기도 한다. 대중 예
술은 특정 그룹의 목소리가 매스미디어를 통해 대다수에게
받아들여지는 관문이기에 그러하다. 그래서 성 소수자들의
문화, 소수 민족의 문화 같은 비주류의 예술도 비로소 대중
매체를 통해 드러난다.*

---

* Carla A. Freccero, *Popular Culture: An Introduction*(New York: New York University Press, 1999), 10-13.

책을 손으로 하나하나 적어서 복제하던 시대와 달리, 인쇄기가 발달하면서 복제 문화의 시대가 이어졌다. 이전에는 성경을 읽을 수 있는 사람이 아주 드물었고, 그런 귀한 텍스트는 수도원이나 왕궁에서 보관했다. 그러니 그런 고전적인 텍스트를 읽고 음미하는 것은 아예 소수의 특권층을 위한 일이었다. 중세 교회의 타락을 조목조목 비판한 마르틴 루터가 종교개혁에 성공할 수 있었던 가장 근본적인 이유는 인쇄술의 발달이다. 루터는 자기가 가르치던 비텐베르크대학 교회 정문에 95개 조의 반박문을 걸었다. 그 내용이 어떻든 그것이 전 유럽에 퍼져나갈 수 있었던 것은 교회를 반박하는 그 95개 조의 글이 인쇄되어 널리 보급되었기 때문이다. 나는 이때부터 가진 자의 특권으로서 존재하던 지식과 정보는 무너지기 시작했다고 생각한다.

본격적으로는 라디오와 TV의 발명을 통해 산업화 시대에 많은 정보와 지식이 보편화되기 시작했다. 1920년에 미국에서 처음 발명된 TV를 시작으로 1930년대에는 방송국이 처음 세워졌다. 대중 예술이라는 개념이 20세기 TV의 발명과 그 궤를 같이한다고 보아도 무리가 없다. 같은 시간에 TV쇼나 드라마를 시청함으로써, 그 매체를 본 사람들은 쉽게 공감대를 형성했다. 그리고 그 공감대는 이성이나 철학이 아니라 감성을 자극했다.

예술이론에서는 현대가 감성을 통해 휴머니즘을 표현하는 시대라고 명명한다. 정말 우리는 이성에 대한 의심, 인간 실존의 부조리에 대한 통찰 등, 감성이 진실을 표현하는 도구라는 믿음을 가지게 되었다. 그것은 물론 대량 생산 사회가 가져다준 개인의 존재가 느끼는 억압과 소외에 대한 반대급부적인 표현이 드러난 것으로도 볼 수 있다. 소위 말하는 막장 드라마는 인간의 내면에 존재하는 감정들을 밀도 있게 표현한 것이다. 즉 도덕이나 질서를 넘어, 드라마 안에 소외되고 억압된 인간의 진실된 감정을 솔직하게 표현한다.

문제가 있다면 TV의 일방통행적인 소통이었다. 거대 방송사가 프로그램을 전유했고, 대중들은 선택의 여지 없이 그 내용을 소비했다. 매체의 민주화는 유튜브, 넷플릭스 같은 플랫폼이 나오면서부터 시작되었다. 이제는 유튜브를 통해 누구나 콘텐츠를 제작할 수 있고, 개인이 방송국을 가질 수 있다. 소비 역시 개인의 자유다.

나는 요즘 수업에 사용할 내용을 유튜브에서 찾아본다. 그러다 보니 영어로 검색을 하면 주로 인문학에 관한 내용이 뜨고, 한국말로 검색을 하면 내가 피곤할 때 즐기는 오래된 노래나 시트콤 등이 뜬다. 이때 한국어를 사용하는 나의 자아와 영어를 사용하는 나의 자아가 따로 논다고 생각하면서 웃는다. 그러다 전혀 다른 것을 검색하고 싶으면, 아주 새로운 내용들을 검색 창에 적어 찾아 보곤 한다. "나는 곧 데이터"라는 말을 이해하면서 말이다.

결국 대중 예술은 각자 콘텐츠를 제작하고 원하는 대로 소비하는 주체의 변화만을 의미할 뿐 아니라, 형태가 자유롭고 기존의 예술을 비판하면서 새로운 대안적 예술을 시도할 수 있는 가능성을 가진다. 거리의 예술로 꼽히는 벽화가 그 예이다.

샌프란시스코의 미션가Mission Street는 보이지 않는 인종차별주의와 자본주의의 폭력을 고발하는 벽화들로 가득하다. 화려한 색의 벽화들은 이름 없는 화가들의 작품이며, 길드에 속한 화가들의 작품이 고급스러운 갤러리에 걸리는 것에 대한, 그들만의 예술에 대한 반발이다. 벽화는 주로 민중의 혁명이나 멕시코인들의 문화를 표현했다.

차이나타운에 가보면 이소룡의 그림들도 보이고, 꽃이나 산을 그린 벽화들도 보인다. 또 오클랜드 시내에 나가보면 마르틴 루터 킹 목사의 그림도 보이고, 흑인들의 저항,

특히 블랙 라이브즈 매터와 관련한 그림들이 골목마다 가득하다. 내가 사는 앨러미다의 한 점집 담벼락에는 누군가 흑인 혼혈 아이가 한복을 곱게 차려입은 벽화를 그려놓았다.

이탈리아에서 살 때 로마 근교의 꼭대기에서 생활했던 나는 전철을 타기 위해서 계단을 뛰어 내려와야 했다. 계단을 다 내려와 숨을 고르며 뒤를 돌아 올려다보면, 그 계단 자체가 꽃으로 보였다. 미국의 벽화처럼 사회 비판적인 텍스트는 아니지만, 동네 계단에 그려진 꽃 그림이 나에겐 무척 인상적이었다. 이런 예술은 로마시가 계획해서 추진한 건지, 어떤 화가가 영감을 받아 어느 밤이나 이른 아침에 그려 넣은 것인지 나로선 알 수 없다. 나는 그저 이것도 대중예술이라고 부르기로 했다. 작가 미상의 벽화를 감상할 때는 그저 표현에 공감한다. 누군가 그림을 지워놓으면, 또 다른 누군가가 다시 칠한 원색의 향연에서 나는 묘하게도 절박함을 느낀다.

대안적 예술은 점점 더 다양해져간다. 미국 원주민들을 만나기는 쉽지 않으나, 그들의 챈트chant를 찾아 듣는 것은 어렵지 않다. 드럼을 치는 체로키 부족의 노래가 정신이 피로한 현대인들의 컴퓨터에서 흘러나온다. 수도원 밖으로 나간 화가 박현주는 강아지를 그린다. 세상에서 보기 어려운 따스함과 정다움을 표현하는 그에게 예술은 마음을 세상에 나누어주는 영적 수업인 듯하다. 내가 아는 어떤 교포 작가는 딱지접기 예술을 한다. 그에게 딱지접기는 한국에서의 어린 시절을 기억하고 이민자로서의 애환과 좌절감을 표현한 것이다.

　마지막으로 나는 우리의 삶이 예술이고, 예술이 되어야 한다고 말하고 싶다. 또 우리는 어떤 이미지를 마주하고 살아가고 또 어떤 이미지를 어떤 근거로 예술이라고 하는지 부지런히 생각해야만 한다.

　인류의 대다수는 고대에서 현대에 이르기까지 늘 배고픔과 싸워야 했고, 끝없는 노동을 해야만 했다. 그렇게 허덕이며 살았던 사람들에게는 자신들의 삶을 표현할 방법을 만들고 알려주고 또 배울 만큼의 여유가 없었다. 어떤 방식으로든 자기의 삶을 표현하는 매체를 가졌다는 것은 호사스러운 일일 것이다.

　어떤 천재가 자신의 감정을 그 자리에서 표현한다고 생각하기는 어렵다. 소위 천재 화가라는 사람들도 알고 보면 자기의 내면세계를 자유롭게 표현하기 위해 얼마나 많은 그림을 그렸는지 모른다.

한국 부모들의 허리를 휘게 하는 매달 사교육비에는 미술 교육도 빠지지 않는다. 아이들을 미술학원에 보내는 동기가 막연히 경쟁에서 이기게 하려는 욕심이 아니라, 자녀들이 내면세계를 표현할 수 있는 도구를 만나게 해주려는 배려라면 좋겠다. 그런 배려 속에서 이 어린이들이 자기를 표현할 수 있는 방식을 찾는다면 얼마나 좋을까.

인간으로 살아가는 데 우리에게 필요한 것은 무엇이든 삶의 소소한 경험을 표현하는 일이다. 물감이 번진 그림이어도 좋고, 한 줄의 글이어도 좋다.

9장 나의 정체성 찾기

샌프란시스코에서 주디스 버틀러Judith Butler의 특강이 있었다. 그는 젠더 연구에서 가장 인기 있는 학자이자 레즈비언이어서, 진보적인 동성애 그룹의 대모 격이다. 책으로만 읽던 그를 만나고 싶어서 친구들과 서둘러 저녁을 먹고 강연장으로 향했다.

5월 저녁의 샌프란시스코는 뼈가 시릴 정도로 춥다. 미시시피 출신의 작가 마크 트웨인도 "나는 내 인생에 가장 추운 여름을 샌프란시스코에서 보냈다"고 했다. 실내에서 하는 행사이니 괜찮겠지 하면서 별생각 없이 가볍게 입고 갔다가 호되게 당했다. 담요를 몸에 두른 사람들도 보이고, 거의 한겨울 코트를 걸친 사람들도 있었다. 그런데 날씨보다 나를 더 놀라게 한 것은 그 강의를 들으려는 젊은이들이 만든 끝을 알 수 없는 줄이었다.

몸의 의미는 무엇입니까

주디스 버틀러의 강의실에 들어갈 수 없다는 것을 인정한 젊은이들은 길에서 쿨하게 맥주를 마시며 그 상황을 즐기고 있었다. 추운 날씨에 맞춘 그들의 옷차림이 창의적이어서 놀라웠는데, 눈에 띄는 것은, 그들의 옷차림만으로는 그들이 남자인지 여자인지 가늠하기가 무척 어렵다는 점이었다.

어떤 젊은이는 스포츠머리를 하고서 미니스커트에 레깅스를 입고 부츠를 신었다. 얼굴과 몸의 라인만으로는 아무리 봐도 그 사람의 성을 특정하기가 어려웠다. 덩달아 청강을 포기한 나는 마치 인류학 입문 수업을 듣는 학생처럼 젊은이들을 관찰하다 발걸음을 돌렸다.

집으로 가는 전철 안에서 무엇이 그렇게 많은 젊은이를 그곳에 오게 했을까 하는 물음이 떠나지 않았다. 성의 구분 자체가 불필요한 것으로 보이는 듯한 젊은 세대를 바라보면서, 몸과 성, 그리고 젠더에 대해 생각했다. 그리고 내가 살면서 만났던, 성을 구분하는 라인의 중간쯤에 서 있던 사람들의 불편한 삶을 생각했다.

　우리의 정체성을 찾는 작업에서 가장 중요한 것은 몸이다. 그럼에도 사실 사람들이 몸에 대해 관심을 주기 시작한 것은 20세기 들어서부터다. 그리스 철학을 이은 서구의 철학과 신학에서는 몸을 영혼과 구분 지어 생각했는데, 이 이분법은 불행하게도 우수한 것과 열등한 것을 구분 짓는 틀이 되었다. 그러니까 이 논리에 의하면 보이지 않는 영혼은 우월한 것이고 보이는 몸은 비천한 것이었다.

　보이지 않는 마음, 정신, 진리는 어떤 절대적인 아름다움과 숭고한 세계, 즉 하늘나라라고 믿게 되었다. 그리고 보이는 눈물과 한숨, 도덕적 결함으로 점철된 인간의 현실 세계를 열등한 것으로 보았다. 이런 이분법적인 사고 속에서 몸은 당연히 세속적인 것, 저속한 것, 감각적인 것, 따라서 위험한 것을 대표하게 되었다.

　그리스 철학에서 몸은 영혼이 잠시 갇혀 있는 감옥으로 여겨졌다. 사람이 죽는다는 것은 마치 장갑을 벗듯이 몸이라는 구속에서 벗어나서 자유롭게 이데아의 세계로 돌아가는 것을 의미했다. 플라톤이 발전시킨 이분법은 서구의 사고에 깊이 스며들었고, 특히 중세의 세계관, 즉 기독교 중심의 세계관에 깊은 영향을 미쳐 오늘날까지도 우리의 삶에 큰 영향을 주고 있다.

현대에 와서 인간의 몸은 재조명된다. 서양에서 몸은 개인주의 사조와 깊이 맞물려 있다. 개인주의에서 한 개인은 더 이상 나눌 수 없는 최소 단위의 총체성을 의미한다. 한 사람의 고유한 인격을 규정하는 단위로서의 몸은 결국 한 개인의 정체성을 의미한다. 물론 이 몸의 범위는 공동체의 정체성을 의미하기도 한다. 영어로 교수단은 faculty body, 즉 교수들의 전체 몸이 된다. 그럼에도 서구에서 몸에 대한 담론은 개인의 인격과 권리, 특히 사회가 만들어놓은 이미지와 맞지 않는 개별적인 인간의 정체성에 집중한다.

그에 비해 동양의 몸이란, 하늘의 질서에 상응하는 것이고 조상으로부터 이어지는 것으로 시간의 영속성을 가진다. 그렇기에 동양인들의 심성에는 공동체성과 집단성이 두드러지게 드러난다. 이런 성향은 우리말에도 남아 있다. 우리말은 내가 소유한 것을 지칭할 때도 일인칭 단수 소유격이 아닌 일인칭 복수 소유격을 사용하는 경향을 보인다.

우리 집, 우리 엄마, 우리 남편 등의 표현이 그 예인데, 우리의 정서가 서구의 개인주의 사상과 본질적으로 다름을 잘 보여준다. 동양의 몸 개념은 너와 내가 그리고 우주가 함께 상생해야 하는 필연성을 기초로 한다.

그간 코로나바이러스로 온 지구가 고통을 받으면서, 우리의 몸이 과연 개인의 정체성을 드러내는 기본 단위일 수 있는가라는 아주 실질적인 질문이 제기되었다. 우리는 지구라는 몸에 다 같이 속해 있으며, 모두가 지구를 구성하는 요소들이라는 새로운 관점들이 호응을 받게 되었다. 현재 우리가 처한 환경 위기를 고려했을 때, 지구 종말이 온다면 우리 몸은 존재하지 않을 것이다. 이런 현실 앞에서 몸이 한 개인의 존재만을 의미하는 서구의 개념은 흔들리게 되었다.

내 몸에 적힌 메시지와 남은 자국

내가 내 몸을 의식하기도 전에, 우리는 거울에 비친 상을 보면서 그 상이 자기 몸이라고 배운다. 사실 거울 속에 보이는 상이 나임을 알게 하는 것은, 처음 나의 몸을 알려준 타자의 손가락이다. 많은 경우 그것은 엄마의 손가락이다.

자크 라캉은 인간의 몸은 마치 노트와 같아서, 우리 몸에 타자의 욕구와 욕망이 적힌다고 했다. 정말이지 우리 몸에는 참으로 많은 메시지가 적힌다. 막내로 자란 내 몸에는 막내딸이 지니면 좋을 어떤 메시지가 적혀 있고, 가톨릭 신자라는 메시지, 수녀라는 메시지, 미국에서 사는 한국 이민자 등 여러 메시지가 적혀 있다. 이런 메시지들은 당연하게도 서로 충돌한다.

이렇게 여러 메시지를 다 살아내는 것은 거의 불가능하기 때문에 결국 난 늘 부족하다는 느낌을 받는다. 예를 들어 좋은 수녀를 생각해보면 조용하고 얌전하며 자기를 주장하지 않는 여성이 되라는 메시지가 있고, 동시에 씩씩하고 하느님을 위해 두려움 없이 모든 일을 해야 한다는 메시지가 있다.

한국보다 미국에서 유명한 예술인 차학경은 '눈먼 목소리AVEUGLE VOIX'라고 적힌 천으로 눈을 가리고, 입에 재갈을 물고 앉아 세상을 똑바로 응시하는 행위예술을 했다. 미국에서 이민자로서의 그는 목소리 없이 살아갈 것을 요구받았고 결국 모국어를 포함해 한국인으로서 삶을 잃어버리도록 강요당했다. 이에 저항하는 메시지로 그는 자신의 몸에 이중부정의 뜻으로 '눈먼 목소리'라 적었고, 거대 문화가 소수자에게 얼마나 말도 안 되는 요구를 하는지 몸으로 보여주었다.

사실 여러 가지 메시지가 적힌 우리 몸으로 저항을 표현하는 일은 이제 보편화되었다. 나는 사람들의 타투를 보면 "나를 이렇게 읽어주세요"라고 말하는 것 같다. 나는 학생들을 만나면 그 의미를 자주 묻는다. 어떤 학생은 자기 할머니의 이름을 새겼고, 어떤 학생은 '우리는 모두 하나다' 같이 자신의 이상을 새겼다. 우리에게 주어진 많은 메시지를 지고 살아가는 우리가 해야 하는 일은 내 몸에 적힌 타자의 메시지를 하나하나 판독하고, 그것들로부터 내가 원하는 것, 내게 진실로 의미 있는 것이 무엇인지 찾아내는 작업이다.

몸이 타자의 메시지가 적힌 노트라고 한다면, 몸에 대한 심상, 즉 이미지란 꾹꾹 눌러 쓴 페이지 뒤에 남은 자국 같은 것이다. 어떤 특정 시간에 강렬하게 남겨진 인상과도 같은 자국은 자꾸 나를 성가시게 하기도 하고, 현재의 나를 부정하게 만들기도 한다.

사춘기나 어린 시절 뚱뚱해서 놀림을 당했다거나, 외모로 인해 따돌림을 당해본 사람들은 매우 부정적인 보디 이미지를 갖는다. 타자로부터 사랑받지 못했던 특정 순간의 메시지가 마음속에 저장되는 것이다. 그리고 어른이 되어서도 그 순간의 이미지를 자신의 이미지로 가지고 있는 사람들이 많다. 더구나 그런 사람들은 자기가 가진 부정적인 이미지를 자신의 자녀들에게 투사하기도 한다.

미국에 사는 한 엄마는 살이 찐 열여섯 살 딸이 가슴이 조금만 노출된 옷을 입어도 미칠 듯 불편한 마음이 든다고 했다. 왜 이렇게까지 불편한 감정이 드는지 본인 스스로도 이해할 수 없다고 했다. 한참 그의 이야기를 듣다, 나는 혹시 본인도 청소년일 때 살집이 있었냐고 물었다. 그는 갑자기 눈물을 터뜨리며, 자기 몸에 대해 자기가 들었던 온갖 부정적인 말들을 기억한다고 했다. 자신이 가진 부정적인 보디이미지가 이제는 괜찮아졌다고 생각했는데, 그것이 자기도 모르게, 자기 딸의 몸에 대한 부정적 태도로 표출되었던 것이다.

남성보다는 여성이 몸의 이미지 때문에 고통을 받는다. 대부분의 여성이 거울을 보면서 실제보다 자신이 뚱뚱하다고 생각한다는 이야기는 누구나 다 아는 사실이다. 실제로 우리는 우리 몸을 보는 능력이 없다. 거울에 비추어 본다고 하지만, 비친 상도 결국 어떤 각도로 보느냐에 따라 달라지고 거울의 위치나 구조에 따라서도 조금씩 다르게 보인다.

우리는 누구도 자신의 뒷모습이 주는 느낌을 알 수 없다. 쓸쓸한 뒷모습도 있고 씩씩한 뒷모습도 있다. 그러나 정작 당사자는 그 모습을 알 수 없다. 그러다 보니 남들이 주입한 한두 개의 이미지가 마음에 절대적인 영향을 끼치는 것이다.

오늘날 디지털 시대를 사는 현대인들은 인위적으로 만들어진 이미지에 비교당한다. 특히 소비를 자극하는 상업적 이미지들은 이상적인 몸을 정해놓고 우리에게 강요한다. 그 몸은 항상 젊고 늘씬하며 얼굴은 대개 서양인의 이목구비를 내세운다. 그래서 우리는 서구인처럼 높은 코, 예쁜 쌍꺼풀과 깊은 눈을 선호한다. 아프리카 여성들이 피부를 희게 하는 수술을 하는 것도 이러한 이유 때문이다. 살이 찐 사람에게는 자기 삶을 통제할 수 없는 무능력한 사람이라는 낙인이 찍히고, 실제로도 살찐 사람들이 우울감을 더 많이 느낀다고 한다.

간혹 백화점의 몇몇 점원이 뚱뚱한 사람에게는 불친절하고, 여기는 당신에게 맞는 옷이 없다고 핀잔을 주기도 한단다. 물론 이런 무례함은 개별 점원의 인격 문제이지만,

많은 사람이 날씬한 사람에 비해 살찐 사람에게 비우호적인 태도를 보이는 것은 사실이다. 그러다 보니 몸이 매우 뚱뚱한 여성은 집 안에서만 지내며 외출을 전혀 하지 않거나, 친구를 사귀는 일에도 소극적이다.

우리가 상정한 이상적인 아름다움을 가질 수 없다는 생각이 마음속에 심어지면 열등감이 싹트고 자존감이 시들해진다. 이럴 때일수록 자기 몸이 가진 이미지가 무엇인지 찾아내는 작업이 절대적으로 중요하다.

여성 그룹들 중에는 '모든 몸은 아름답다Every body is beautiful' 운동을 펼치는 이들도 있다. 뚱뚱한 몸도 마른 몸도 늙고 주름진 몸도 아름답다. 모든 삶의 순간이 아름다운 것처럼, 모든 몸은 아름답다.

몸의 담론에 관심을 가지면서, 나는 미국 종교학회의 '몸과 종교'라는 그룹에서 연구 활동을 해오며 장애의 몸을 연구하는 학자들도 만났다. 비키라는 학자는 휠체어를 타고 와서 사회가 바라보는 보디 이미지는 장애를 가진 사람들에게는 폭력이란 이야기를 하곤 했다. 덕분에 나는 처음으로 정상과 비정상을 구분 짓는 우리의 습관을 생각해보게 되었다.

구약성서에서조차 장애를 가진 몸은 신이 내린 벌이라고 했다. 성전에서 희생 제사를 치를 때에도 다리가 부러지거나 흠이 있는 짐승은 바칠 수 없다고 되어 있고, 여자나 장애가 있는 남자는 사제가 될 수 없었다. 신학교에서도 장애가 있는 사람을 장래 사제나 목사로 받지 않았다. 이제는 해당 제도가 폐지되었지만, 이런 규정 하나하나가 장애를 가진 몸에 대한 인류의 폭압이었다.

'장애인과 정상인'으로 구분하는 것과 '장애인과 비장애인'으로 구분하는 것은 엄연히 다른 일이다. 장애를 가지지 않은 사람이 다 정상은 아니기 때문이다. 다름을 정상이 아니라고 규정하는 개념은 자칫 비인간적인 행위를 정당화하는 도구일 뿐이다.

나치 시대의 예술가 아르노 브레커의 작품의 세계에는, 힘을 강조하는 근육질의 젊은 백인 남성과 완벽한 균형을 갖춘 백인 여성만이 존재한다. 나치 정권의 선전용으로 이용된 그의 작품들은, 이 나치의 이상이 젊고 건강한 백인 남녀가 이루는 꿈임을 강조한다. 이 꿈속에는 백인이 아닌 다른 인종이나 늙거나 병든 사람들은 존재하지 않는다.

이렇게 획일적이고 다름을 인정하지 않는 환경에서는

강자가 약자를 쉽게 공격하게 되고, 그럼으로써 자신들의 근거 없는 우월감을 확신하려 한다. 결국 정상적인 몸의 범주가 젊고 건강한 이성애자의 몸으로 국한되고 합법화된다면, 많은 사람이 이유 없이 소외를 경험하게 되고 인권은 쉽게 무너진다.

코로나로 힘들어진 시대에 상대적으로 왜소한 아시아계 노인들이 백주에 거리에서 사람들의 공격을 받았다. 이유는 없다. 단순한 혐오감에서 비롯된 다분히 비이성적인 범죄다. 유발 하라리는 책《호모사피엔스》에서, 현대 인류의 직계 조상인 호모 사피엔스는 결국 다른 종의 인류를 없애버렸는데, 이렇게 비슷한 종을 죽여버리는 경우는 생명체 중 유일한 경우라고 설명했다.

한번 상상해보자. 다른 종의 사람들이 있었다면 인류는 지금 어떤 모습일까. 어쩌면 지금보다는 다른 몸, 다른 성향을 훨씬 편하게 받아들이는 DNA가 우리 안에 새겨지지 않았을까. 그래서 사람들이 차별이나 혐오라는 불필요한 고통을 덜 받지 않았을까.

몸과 함께 꼭 짚고 넘어가야 하는 것은 성sex의 문제이다. 현대에 몸과 관련하여 가장 설득력 있는 주장을 펼친 사람은 프랑스의 철학자 미셸 푸코Michel Foucault이다. 그는 인류의 역사를 억압의 역사로 보면서, 특히 몸은 인간을 구분하고 억압하는 도구로 사용되었다고 주장했다.

여성은 가부장 제도 안에서 수동적인 태도와 침묵을 강요받았다. 거부하는 여성들은 사회에서 받아들여지지 않고 추방되었다. 결혼과 처녀성이 여성의 몸을 억압하는 기제로 작동한 것이다.

여성학에서는 거부당한 여성의 몸에 대한 연구가 활발한데, 사회가 모성을 강조해 희생을 정당화함으로써 여성이 가지는 다양한 모습을 외면해왔다고 주장한다. 엄마는 절대 이기적일 수 없고 무한으로 희생한다는 이데올로기는 자신을 우선시하는 여성들을 비정상으로 간주한다.

서구의 식민지를 경험한 아시아나 아프리카, 라틴아메리카의 여성들은 이중의 억압을 체험한다. 남성 중심의 가부장 제도에서 열등한 지위를 차지한 여성은 인종적인 억압을 다시 경험하게 된다. 아시아 여성인 나도 미국에서 생활하면서, 수동적이고 권위에 복종하고 자기주장에 약할 것이란 편견 어린 시선을 받았다. 내가 눈 똑바로 뜨고 내 주장을 개진하면, 상대는 의외라는 듯 당황하는 식이다.

더구나 여성의 몸은 남성의 성적 욕구의 대상, 혹은 유혹의 주체로 간주되어왔다. 일반적으로 권력과 의사소통의 결정권을 갖지 못한 여성이 목적을 이루기 위한 수단으로, 즉 남성을 통제하고 이용하는 수단으로 자신의 성적 매력을 이용하고, 그런 행위를 가부장 사회 속의 여성이 가지는 권력의 한계라고도 주장했다. 그런 면에서 아름다운 여성은 위험하다는 식의 사고가 퍼졌다.

미셸 푸코는 성에 대한 담론을 다룬 《성의 역사》에서 사회가 역사적으로 인간의 성을 어떻게 통제했는지, 특히 성적 정체성이 다른 동성애자를 어떻게 통제했는지 풀어놓았다.

근대에 오면서 동성애는 정신병적인 것으로 치부되었고, 동성애자는 감옥이나 병원에 감금되었다. 교회는 아우구스티누스 성인의 가르침을 근간으로 성행위의 목표를 친밀감의 표현보다는 후손을 보기 위한 것으로 정의했다. 이런 시각으로 볼 때, 자녀를 출산할 수 없는 동성 간의 애정

행위는 죄가 된다. 현재 미국은 동성결혼이 합법화되기까지 오랜 기간의 진통을 겪었다. 이제는 동성 부부도 흔히 눈에 띄고, 이 부부들이 자녀를 입양해서 함께 가정을 이룬다.

우리 학교에 데릭이란 남학생은 레즈비언 커플이 남성의 정자를 기증받아 낳은 아이였다. 조용하고 온순한 그 학생은 생물학적 아버지를 만나고 싶어 했다. 나는 그에게 "너를 돌보고 키워주신 어머니들이 계시는데 왜 아빠를 만나고 싶으냐"고 묻자 그는 "남자가 어떤 건지 한번 만나서 느껴보고 싶어요"라고 답했다. 여성들만 있는 가정에서 자라는 남자아이가 남성성을 배우고 싶다는 것이 이해되면서도, 한편으로는 남자다움이 꼭 생물학적 남성을 통해서만 배울 수 있는 것인지 의문이 들었다.

이제 현대 사회에는 단순히 동성애의 범주 이상으로 'LGBTQ'들의 인권을 이야기한다. LGBTQ는 레즈비언 Lesbian(여성 동성애자), 게이Gay(남성 동성애자), 바이 섹슈얼 Bisexual(양성애자), 트랜스젠더Transsexual(성전환자), 퀴어Queer까지 성소수자 전체를 통틀어 부르는 말이다. 퀴어는 퀘스천question에서 나온 말로, 동성애자를 제외한 모든 다른 성에 해당하는 용어로 쓰이는 동시에 나의 성 정체성은 움직이는 것이고 여전히 질문한다는 의미가 되었다. 여기서 이성애자가 퀴어라는 말을 쓸 때는 조심할 필요가 있는데, 동성애자를 비하하는 것으로 비춰질 수도 있기 때문이다.

내가 가르친 학생 중에 리카라는 필리핀계 레즈비언이 있었다. 그는 짧은 머리를 하고 행동이 거의 남학생처럼 보였는데, 전체적인 실루엣만 보면 여성 같았다. 귀가 잘 들리지 않는 그는 여러모로 다른 학생들과는 달랐다. 그런데 우리 학교에서 그는 점점 유명해졌다. 누구든 그와 한번이라도 이야기해 본다면 그의 아름다운 인성에 매료되어 그를 좋아하고 친구가 되었다.

그런 그가 학교에서 세례를 받고 싶다며 내게 대모가 되어 달라고 했다. 그때 우리 모두는 그를 '쉬she'라고 지칭할 때였다. 나는 '쉬(그녀)'를 위한 세례 선물을 고민하다가 조그만 지갑을 골랐다. 여성적이지도 남성적이지도 않은 지갑이었다. 그런데 세례식에 나타난 리카는 '히He'였다.

양복 정장에 빨간 와이셔츠, 남성용 구두에 까만 나비넥타이 차림이었다. 그의 모습에 나는 당황했다. 내가 준비한 선물이 지금 내 앞의 리카와는 전혀 어울리지 않았다. 하지만 리카는 우리 공동체에서 여전히 사랑스러운 사람이었고, 우리는 모두 그를 축복해주었다. 그의 성 정체성이 무엇이든 그는 여전히 아름답고 멋진 젊은이다.

다행히 요즘은 성 정체성을 하나로 규정짓는 것을 거부하는 사람들이 늘어나는 추세다. 그래서 요즘 미국에서는 이메일을 작성할 때 내 이름 옆에 내가 불리고 싶은 대명사를 붙여 넣는다. 예를 들어, 나를 '그He'나 '그녀She', 혹은 중성적인 의미에서 '이것It', 아니면 그런 구분을 다 무시하고 '그들They'로 불러 달라고 주장하는 것이다.

이분법이 내게 익숙하다는 단순한 이유로 늘 같은 것을 주장하기보다는, 내가 누려왔던 너무나 당연한 권리를 누리지 못했던 누군가와 조금 나눌 수 있다면 행복한 일이다.

젠더가 좋아하는 역할

우리가 생물학적으로 구분하는 남자, 여자, 그리고 그 사이의 어떤 존재를 성이라고 한다면, 젠더gender란 사회가 구성한 개념으로서의 성 구분을 의미한다. 그래서 젠더에는 늘 '역할role'이란 단어가 따라다닌다. 남자와 여자가 아니라 남성성masculinity과 여성성femininity을 말하며, 역할에 따라 생각이나 행동 유형이 이미 규정되어 있다. 사회와 사람마다 정도의 차이는 있지만, 분명 남성성에 대한 사회의 기대치와 책임감이 존재하고 여성성에 대해서도 마찬가지다.

요즘은 남학생들도 자외선 차단제를 꼼꼼히 바르고 손을 씻은 후에는 핸드로션을 바르고 화장도 하고 싶어 한다. 자기를 아름답게 하고 싶은 것이 잘못된 거냐고 묻는다. 그러나 그런 아들을 바라보는 부모의 마음은 불편하다. 그런 성향은 동성애자로 읽혀버리기도 한다. 남학생의 섬세함이나 깨끗하고 예쁜 것을 선호하는 성향이 동성애를 말하는 건 분명히 아닌데도 동성 친구들의 따돌림을 경험한다. 한편 여학생들 사이에서 남성성이 높은 여학생은 쿨하게 보이기도 하고, 리더로 추대되기도 한다.

가정에서 아이들을 교육할 때도 남자아이에 대해서는 좀 더 모험적이길 기대하고, 여자아이에 대해서는 사랑스럽고 유순할 것을 기대한다. 한 연구에 의하면, 미국 가정에서 부모가 남자아이들이 감정 표현을 하면 불편해하거나 반응을 보이지 않지만 여자아이가 감정표현을 섬세하게 하면 할수록 신기해하면서 반응을 보이는 경향이 있다고 한다.

아이들은 부모가 노골적으로 어떤 행동을 강요하지 않아도 더 관심받을 수 있는 행동을 한다. 많은 부모가 자기

딸은 태어나서부터 분홍색을 더 좋아했고 드레스를 입고 싶어했다고 한다. 정말 여자아이들이 원래 그럴까? 사실 요즘 부모들은 아이에게 분홍색이나 드레스를 강요하는 일이 많이 줄었다. 그래서 아마도 부모 자신이 분홍색을 좋아하고 예쁜 드레스를 찾는 소녀적 감성을 더 선호했거나, 최소한 그런 가정의 분위기를 아이가 감지했다고 보는 것이 맞을 것이다.

과거 미국에서 가장 여성성을 강조한 것은 여성 속옷 회사인 빅토리아 시크릿이었다. 속옷 매장에 들어가 보면, 지극히 성적인 매력을 강조한 모델들이 가슴을 더 솟아 보이게 하는 브라를 입고 서 있는데 주로 분홍색이다. 설사 그 제품이 초록색일지라도, 한쪽에는 'pink(핑크)'라고 쓰여 있다. 남자들은 섹시함을 대표하는 서구의 젊은 여성의 이미지를 모은 이 회사의 광고 책자를 서로 가지고 싶어 했다.

미국의 속옷을 대표하는 이 회사가 제공하는 불편함은 나 자신이 이 제품의 주인이 아닌 것처럼 보인다는 데 있다. 여성의 속옷이란 결국 여성인 내가 편안하고 입고 싶은 옷이어야 하는데, 이 회사에서 보여주는 광고는 남자들이 보고 싶어 하는 여자의 속옷인 것이다.

그러다 팬데믹이 시작되었고, 집에서 아이들을 돌보고 일하게 된 여성들은 이제 그런 불편한 속옷을 사지 않았다. 결국 그 회사는 모델을 바꾸었다. 강하고 당당한 이미지의, 탄탄한 몸매를 가진 모델이 도전적으로 정면을 보고 있다. 구릿빛 피부의 그 모델은 달리기를 하고 돌아온 것 같은 건강미가 돋보인다. 그리고 무엇보다 슬로건을 "파란색을 입은 당신"으로 바꾸었다. 이렇게 세상은 또 새로운 장을 향해 바뀌어간다. 사람들의 의식이 광고의 이미지를 바꾸어 갈 수도 있다는 사실이 희망적이다.

성에 치우친 젠더의 개념에 반기를 든 사람이 바로 주디스 버틀러이다. 그는 《젠더 트러블》에서 젠더라는 개념이 사회적으로 구성되었다고 해도, 그 역할을 이미 생물학적인 성에 귀착시킨다는 점에서 기존의 젠더와 성 정체성이 결국 다를 것이 없다고 비판했다. 더 나아가 성 정체성이 하나의 지점에 머무는 것이 아니라 유동적이며, 한 개인의 실행하는 행위에 따라 젠더의 역할을 구분 지어야 한다고 이야기한다.

나는 개인적으로 그의 분석이 탁월하다고 생각하는데, 여성성이라는 이름 아래 주어지는 일은 생물학적인 남성도 얼마든지 할 수 있기 때문이다. 요즘에는 가사노동에만 집중하는 남편도 있고, 사업에만 집중하는 아내도 있다. 이처럼 더 나아가 어쩌면 여성성, 혹은 남성성이란 개념 자체에서 벗어나서 인간의 행위가 얼마나 창의적이고 또 아름다운 것인가에 초점을 맞추는 것이 바람직할 것이다.

포스트 휴머니즘

우리는 성의 이분법, 성차별로부터 온전히 자유로워질 수 있을까? 이 난제는 영영 풀지 못하는 것일까. 그동안 여러 새로운 시도들이 있었음에도 이분법적 사고가 극단으로 흐르는 페미니즘과 페미니스트들 간의 상이한 관점으로 분열이 생겼고, 여성혐오로 드러난 페미니즘 운동에 대한 거부가 여성혐오로 드러나는 등 새로운 문제들이 떠올랐다.

그러면서 남녀라는 이분보다는 다양한 종류의 타자, 즉 여성, 유색인종, 동물, 자연 환경, 세균, 기계, 특히 사이보그 등을 포함하는 새로운 프레임을 강조하게 되었는데, 이를 포스트 휴머니즘post humanism이라 부른다.

포스트 휴머니즘이라는 새로운 인간성에 대한 성찰은

1980년대 다나 해러웨이의 글 '사이보그 선언문'에서 처음 나타났다. 결국 남성과의 대립적인 구도는 해결점이 없고, 첨단 기술 과학 시대에는 그런 고답적인 사고는 붕괴된다고 보았다. 사이보그라는 개념 자체가, 남녀 문제를 떠나 새로운 세상, 상상과 창의성으로 이루어진 새로운 질서를 상징한다고 본 것이다. 사이보그의 몸과 인간의 몸이 함께 협력하는 세상, 그리고 우리가 다 알 수도 없는 다양성의 세상을 꿈꾸는 것이다.

신자본주의의 전횡을 막고, 모든 소외되는 사람들이 함께 살아가는 세상을 꿈꾸는 포스트 휴머니즘은, 기업이 소비자의 소비를 촉진하고 이윤을 창출하기 위한 휴머니즘과 차별된다. 대표적인 예가 베네통의 광고이다.

이 유명한 광고는 "유나이티드 컬러스 오브 베네통united colors: Benetton"이란 캐치프레이즈를 사용하면서, 인류는 이제 하나가 되었다고 이야기한다. 그것은 마치 베네통이 제공하는 색깔 속에서, 모든 인종주의를 극복했다고 이야기하는 듯하다. 즉 다양한 색깔의 베네통 제품을 구입함으로써 인류가 모든 인종 차별을 극복할 수 있다고 믿게 하는 판매 전략인 것이다.

하지만 '우리는 하나 되었다'라는 이미지는 여전히 특정한 규격의 몸매와 이미지를 강조함으로써, 다양한 사람들의 모습을 부정한다는 점에서 위험하다. 모든 인간이 본질적으로 소중히 여겨질 수 있는 글로벌 윤리, 나눔과 소통의 문제는 두고두고 해결할 과제이다.

《포스트휴먼》의 저자 로지 브라이도티는 새롭게 변화되어가는 변화된 인간은 유목적 주체, 즉 새로운 곳으로 끝없이 움직이며 네트워크를 만드는 인간으로서 고도로 발전한 과학 기술을 이용하며, 언제나 매개물이 필요하다고 설명한다.* 현대인은 스마트폰이 없으면 공포심을 느낀다. 자기를 표현하고 소통할 도구를 갑자기 잃어버렸기 때문이다.

이제 가상 공간에서 펼쳐지는 일들이 현실과 무관하지 않고, 다양한 존재들과 함께 생명을 누리는 것이 성차별 극복 이상으로 새로운 인간의 이상ideal이 될 것이다. 거대 자본에 기생하는 알고리즘으로부터 인간의 아름다움을 지켜가는 것이 미래 시대 사람들의 과제일 것이다. 이 새로운 인간이 이루는 사회에는 서구 중심의 논리, 남성 중심의 논리,

---

* Rosi Braidotti, "posthuman feminism", lecture at Columbia University on Feb. 18, 2016, accessed at https://rosibraidotti. com/2019/11/21/posthuman-feminism/

인간 중심의 논리가 이미 사라지고 없을 수 있기 때문이다.

한편 고도의 기술 발달은 인간을 대량으로 살상하고, 거리를 떠돌아다니게 했다. 우리는 아주 가까이에 효율적인 업무 처리 능력을 가진 기계와 이미 함께 살아가고 있다. 새로운 인간의 삶은 마치 기계의 부속품으로 전락하는 것과 같지 않을까 하는 두려움도 생긴다. 하지만 세상이 SF소설에 나오는 어둡고, 두려운 곳만은 아니다.

여전히 하늘은 푸르고 이름 없는 많은 생명과 사람, 어쩌면 사이보그, 동물과 식물, 그리고 세균들까지 모두 함께 살아가는 세상일 것이다. 그 안에는 기독교의 사랑도 있고, 불교의 무도 있고, 아프리카 어느 부족이 나누는 생의 철학도 여전히 들어 있다.

그래서 나는 오늘도 내가 사는 동네의 까마귀 울음소리에 귀를 기울이고, 오늘 막 피어난 꽃송이에 감탄하며, 나보다 영어 문장을 깔끔하게 처리하는 컴퓨터 프로그램에 의지한다. 그리고 사람답고 깊고 의미 있는 단어를 입력한다. 사이버 공간에서 최소한 타자를 배려하면서, 새롭게 내딛는 인류의 발걸음을 천천히 배워보자. 우리의 몸과 성이 어떤 형태로, 어떤 자리에 놓이더라도 있는 그대로의 모습으로 활짝 피어나는 날이 오기를 꿈꾼다.

3부

우리가 머무는 이 세상

10장 이주, 난민, 디아스포라

타향살이를 오래 한 사람들에게 새로운 고향은 자신이 처음 발을 내디딘 곳이다. 내게는 유학 생활을 시작한 시애틀이 새로운 고향이다. 처음으로 사람들을 만나고 사귀며 미국 문화를 배운 시애틀의 첫 느낌은 '친절한 도시'였다. 공기는 청량했고 사람들은 느릿느릿했다. 방학 기간 시애틀대학의 한적한 도서관 1층은 텅 비어 있었다. 건물 창밖으로 보이는 초록빛 가득한 캠퍼스 정경을 바라보며 두려운 마음을 진정시켰던 기억은 아직도 새롭다.

조지프 신부와 이방인

어느 날은 도서관을 나오다 키가 크고 뚱뚱한 흑인 할아버지와 마주쳤다. 그는 사람 좋은 웃음을 지으면서, 자기 이름은 조지프 맥고완이고 예수회 신부이며 영문학 전공이라는 걸 알려줬다. 그리고 내게 영어를 가르쳐주고 싶다고 했다. 그렇게 우리는 친구가 되었다. 그가 바로 내가 여러 사람에게 기도를 부탁했던 조지프 신부다. 그와 우정을 맺으면서 나는 인종차별, 동성애 문제, 지역 사람들의 사회 정의를 위한 열정을 배웠고, 시애틀 사람들과 친구가 될 수 있었다.

지금 내 나이는 내가 조지프 신부를 처음 만났던 그때 그의 나이와 같다. 지금의 나는 그처럼 다른 문화에서 온 사람에게 열려 있으면서 또 그렇게 겸손할 수 있을까를 생각해본다. 내가 공부하면서나 사람들을 대하면서 겪는 모든 어려움을 그는 철저히 내 입장에서 들어주곤 했다. 그리고 언제나 격려해주었다.

우리가 처음 친구가 되어서 편안하게 수다를 떨던 때가 떠오른다. 그는 나에게 "너는 다시는 고향에 돌아갈 수 없는 귀양살이를 하는 몸"이라고 했다. 나는 상당히 발끈했다. "나는 한국으로 돌아갈 거야. 여기 공부만 마치면 당장!" 그렇게 장담하자, 그는 이렇게 말했다. "네가 한국으로 돌아가든 또 어디 다른 나라에 가서 살든, 이제 너는 이방인이야. 너는 과거의 너로 돌아갈 수 없어. 네가 한국에 돌아간다 해도 너는 영원히 이방인이 되는 거야."

그때 나는 사실 그가 무슨 말을 하는지 잘 몰랐다. 그때는 내가 이방인으로 평생을 살아가야 하는 운명인지조차 전혀 눈치채지 못했다. 이제 조금은 다르고 외로운 내 운명을 사랑하며, 글로벌한 이 세상에서 많은 사람이 방랑하는 삶을 살아간다는 것에 위안을 얻는다. 또한 방랑하는 사람들은 새롭게 만나는 관계 속에서 친구가 되며, 다른 문화를 만나는 예민함을 선물로 생각한다. 나는 이 선물을 받을 수 있음에 더없이 기쁘다.

태평양 건너의 삶

이주가 주는 느낌은 쓸쓸함이다. 오늘날 우리는 미디어로 인해 지구상 어느 곳을 보아도 낯설지 않게 되었다. 가상의 이미지로 세상의 이곳저곳을 다 돌아볼 수 있기 때문이다. 그럼에도 이주란 말이 주는 서늘한 느낌은, 비록 언젠가는 익숙해질 공간이라고 해도, 새로운 곳에 정착하는 외롭고 고독한 과정에서 오는 것이리라.

일제강점기에 러시아 연해주에 살던 18만 명의 한국인은 중앙아시아로 강제 이주하여 노동을 해야 했다. 민족 해방을 위해 일하던 독립군들과 일제의 수탈에 지친 사람들은 만주나 간도로 떠나기도 했고, 일본으로 강제 징용되어 수탈당했다. 한편 제2차 세계대전 중, 미국에 살던 일본 사람들은 그들이 적국 출신이라는 이유로 강제 이주를 당했다. 이렇게 이주에는 여러 가지 상황이 있겠지만, 자신의 익숙했던 생활 환경을 떠나 갑자기 알지 못하는 낯선 곳에 놓인다는 점은 공통적이다.

내가 고등학교 시절 눈물 흘리며 감동적으로 본 영화는 하와이의 성자 다미안 신부의 이야기이다. 사람들의 몰이

해에도 불구하고 나환자들과 함께 살며, 결국 나병에 걸려 돌아가시는 한 선교사의 일대기를 그린 영화이다. 이 영화를 보고 나서 나에게 하와이의 조그만 섬 몰로카이는 특별한 성지가 되었다. 다미안 신부의 얼이 남아 있을 거라고 기대하며 찾은 몰로카이섬은 고요한 가운데 바다는 한없이 푸르고 아름다웠다. 또한 일제 강점기에 한국 사람들이 미국으로 이주하여 이민 생활을 시작한 것도 이곳, 하와이의 파인애플 농장에서 일하면서부터였다.

하와이섬에 이주한 첫 이민자들은 1903년 1월 13일 하와이 호놀룰루항에 도착했다. 거기서 또 지친 몸을 조그만 기차에 태우고 사탕수수농장이 있는 오아후섬 북쪽 바닷가 와이알루아 농장으로 향했다. 그때를 시작으로, 1905년 을사조약을 계기로 해외 이민이 중단될 때까지 하와이로 간 이민자 수는 대략 7천 명 정도였고, 그들이 이룩한 공동체가 한국 이민 사회의 시작이었다.

그때 하와이에 도착한 사람들은 모두 남성이었고, 결혼을 하려면 한국으로 사진을 보냈다. 이때 사진 한 장만 들고 태평양을 건너와 새로운 삶을 시작한 여성들을 '사진 신부'라고 불렀다. 이들은 공동체를 이루어 사탕수수를 베고 독립운동을 벌였다. 나는 미국 시민이 될 마음이 없으니 완전한 이주는 아니지만, 그분들의 피와 눈물로 한국 이민 사회의 끝자리에 내가 서 있음을 어렴풋이 깨닫는다.

　미국에서 가장 오랜 이민 역사를 가진 아시아 국가는 중국이다. 미국에 철도를 놓느라 동원되었던 중국 남자들은 미국 여성과의 결혼이 금지되었다. 그래서 차이나타운에는 매춘이 성하게 되었고, 나중에는 중국에서 여성들이 사진 한 장만 달랑 들고 신랑을 찾아왔다.

　샌프란시스코 차이나타운은 그때부터 만들어진 이민자들의 공간이다. 아시아 이민자들은 미국 문화 속으로 쉽게 유입된 유럽의 이민자들에 비해 심한 차별을 받았다. 나는 가난하지만 강인하게 그 시절을 살았던 분들을 그리워한다. 그분들의 삶을 더 알고 싶은 내 욕구를 가만히 들여다보면 미국에서 소수자로 사는 나의 삶이 녹아 있다. 특히 모르는 남자의 사진 한 장을 들고 운명을 개척하려 했던 그 여성들의 투지를 나 역시 가지고자 했다.

미국 이민은 언제부터 성공의 상징이었나

한국인의 대대적인 미국 이민은 1970년대에 시작되었다. 그전에는 6·25전쟁 후 고아들이 미국으로 입양되었고, 미군들과 결혼한 여성들이나 유학생들이 미국으로 건너갔지만 그 숫자는 적은 편이었다. 1965년에 이민법이 개정되고 한국 사람들이 이민을 가면서 로스앤젤레스, 샌프란시스코, 뉴욕, 시카고, 시애틀 등 대도시에 주로 자리를 잡았다. 뿐만 아니라 이때 많은 수의 한국인이 남미로 이민을 갔다. 아르헨티나나 브라질 같은 곳에서 섬유공장을 운영해서 경제적으로 성공한 사람들은 미국으로 떠났다.

미국에서는 스페인어와 영어에 아주 능숙한 한인 2세를 드물지 않게 만난다. 1970년대 이후 전문직에 종사하는 이민자들이 많아졌고, 상당수가 미국의 주류사회 속으로 들어갔기 때문이다. 1980~1990년대 한국 이민자에 대한 이미지는 많이 배우고 경제적으로도 넉넉한 사람들이었다. 특히 시애틀 같은 도시에서는 보잉이나 마이크로소프트 같은 회사에서 일하는 사람들이 많았고, 실제로도 교육 수준이 전반적으로 높았다. 한국 사람들의 이민 생활이 모든 것을 내려놓고 일해야 하는 고단한 삶이라 해도, 가끔 한국에 들어가서 소위 미제 커피와 초콜릿을 내어놓으면 이민 생활이 그래도 멋있는 삶이라고 으스댈 수 있었다.

그러나 상황이 변했다. 글로벌 시대로 진입하면서 이제 한국 사회도 훨씬 좋아졌고, 타국에서 이방인으로 사는 삶이 얼마나 고달픈지도 많이 알려졌다. 더구나 한국의 의료 보험 체계나 교통, 문화 전반이 발전하면서, 아메리칸 드림을 좇아 떠났던 많은 이민자가 허무함을 느끼고 최근에는 다시 한국으로 돌아가고 싶어 한다.

이민의 눅눅하고 서늘한 그늘

새들은 자유롭게 국경을 넘고 물도 거침없이 국경을 건너지만, 사람이 국경을 넘는 일은 그다지 쉬운 일이 아니다. 입국 수속을 기다리는 줄은 내가 누구이고 어디서 살아왔는지, 지금은 어디에 살고 있는지가 결정되는 선이다. 매번 미국으로 돌아갈 때 그 줄을 기다리면서 국경이란 것이, 또 사람을 국적으로 나누는 일이 참 비인간적이란 생각을 한다. 그래서 이 어정쩡한 시간에 만나는 모든 사람에게 되도록 친절해야겠다고 다짐한다.

요즘은 이민이 어렵고 까다로워졌다. 물론 코로나바이러스로 온 세상이 얼어붙은 것도 있겠지만, 이전부터 경제적으로 피폐하고 인권이 유린당하는 중남미에서 이민을 원하는 사람들이 미국으로 몰려온 까닭에, 국경을 닫아걸고 이민을 까다롭게 통제하고 있다.

유럽의 상황도 다르지 않다. 유럽의 여러 국가도 아프리카나 중동에서 오는 사람들을 받아주지 않았고, 여기서 내몰린 사람들은 결국 거리를 떠돈다. 우리 학교 학생 중에도 불법체류자들이 제법 있다. 그들은 어릴 때 부모를 따라 목숨을 걸고 국경을 넘었다. 미국에서 대부분의 허드렛일은 중남미 사람들, 특히 멕시코 사람들이 한다.

제니는 내 수업에 들어온 1학년 학생이었다. 네 살에 미국에 온 그는, 자신이 미국인이 아니라고 생각한 적이 한번도 없다고 했다. 그러다 가족 전체가 불법체류자라는 것을 알게 되었고 충격을 받았다고 이야기했다. 너무도 수치스러워 멕시코로 돌아가고 싶지만, 정작 멕시코에는 아는 친구가 한 명도 없다고 호소했다.

세계화된 지구에서는 많은 사람이 이주한다. 자본주의 시장에서, 노동자들은 노동력이 필요한 곳을 향해 이동한다. 여기에는 어두운 면도 존재한다. 2017년, 태국에서 아시아 신학자 수녀들의 모임에 참석한 나는 방콕 근처 파타야 비치에 있는 워킹 스트리트Walking street를 알게 되었다. 젊은 여성들과 남성들이 성을 파는 곳이었는데, 눈이 마주치면 아무런 주저 없이 호객행위를 하는 그들의 모습에 마음이 아팠다.

가난한 나라의 여성과 소년 소녀들이 타지에 팔려 와서 성매매를 하는 일이 버젓이 벌어지고 있다. 인간의 몸이 그렇게 상품화되어 착취된다는 것, 거리 전체가 관광지로 소비된다는 것에 21세기를 사는 한 사람으로서 부끄럽고 송구스러웠다. 인간의 성을 적나라하고 비속하게 광고하는 전단지 문구는 한국말로도 또렷이 읽을 수 있었다. 처음으로 우리 한글이 얼마나 수치스러웠는지 모른다.

제주에서 만난 예멘의 젊은이

이민과 비슷하지만 또 다른 개념이 난민이다. 난민은 내가 떠날 것을 전혀 계획하지 않았음에도 어느 날 생존의 위협에서 벗어나기 위해 안전한 곳으로 떠나는 사람을 말한다. 그런 면에서 난민은 더욱 급박하고 절실하다. 전쟁이나 자연재해 혹은 정치적인 이유로, 경험한 적 없는 새로운 지역에서 살아가야 하니 인류애 차원에서 도와야 한다. 그러나 경제를 우선으로 하는 현대의 정치는 눈을 감아버렸다.

2015년, 이슬람 극단주의 테러 단체 IS의 위협을 피해 지중해 건너 그리스로 향하던 시리아 난민선이 전복되었다. 이 사건으로 물에 빠진 세 살배기 쿠르디의 시신이 튀르키예 휴양지로 떠내려왔다. 유럽 선진국들은 난민이 몰리는 국가를 외면하지 말자며 목소리를 높였다.

그러나 인도주의적으로 이 난민들을 받겠다고 선언한 독일을 제외하면, 유럽 국가 대부분이 적극적인 자세를 취하지 않았다. 과거 유럽은 세상을 지배했고 특히 휴머니즘을 중시하는 자신들의 철학을 자랑해왔다. 그러나 21세기 유럽은 다른 나라와 민족과 마찬가지로, 자기 이익만을 챙기는 자본주의와 결탁한 민낯을 드러내고야 말았다.

어느 무더운 여름날, 나는 파리 제1구역의 어느 노천카페에 앉아 애플 사이다를 마시고 있었다. 손님 대부분이 백인이었고, 나 같은 아시아 사람들은 드물었다. 갑자기 이상하다는 생각이 들었다. 국제도시 파리에서 다양한 인종을 볼 수 없다는 것이 좀 기이하게 느껴졌다. 그리고 며칠 후 찾아간 교외에서는 흑인들을 쉽게 마주쳤다.

이처럼 파리에서 떨어진 구역으로 유색인들의 행동반경이 제한되는 현실은 서구가 가진 자화상, 인도적인 지식인이라는 환상, 식민지주의가 비서구인에게 심어놓은 환상을 깨부수기에 충분하다.

다시 돌아온 파리는 여전히 아름다운 예술의 도시이지만, 나는 근대 식민주의 정신이 물씬 풍기는 거리와 건물의 파사드에 강하게 거부감을 느낄 수밖에 없었다. 여전히 콩코르드 광장에는 이집트 룩소 신전에서 가져온 오벨리스크가 난민처럼 뻘쭘하게 서 있다.

우리나라에도 난민들이 들어왔다. 그것도 멀리 예멘에서. 내가 난민을 만나러 간 2017년 여름의 제주는 무척 뜨거웠던 것으로 기억한다. 예멘은 사우디아라비아 옆에 있는 조그만 나라인데, 미국의 지원을 받는 사우디아라비아가 예멘을 공격했다. 예멘 사람들은 폭격으로 무너진 자신의 나라를 떠나 유럽으로 가려고 난민 신청을 했지만, 까다로운 절차로 인해 입국이 수월하면서도 같은 이슬람 국가인 말레이시아로 떠나갔다. 그러나 비자 없이 머무를 수 있는 기간이 90일로 제한된 말레이시아에서 예멘 난민들은 새로운 곳으로 떠나야 했고, 비자 없이 30일간 머물 수 있는 제주로 들어왔다.

나는 알리라는 예멘의 젊은이를 만났다. 그는 영어나 한국어를 못하고 나는 아랍어를 못해서, 우리는 구글 번역기에 의존해 한참을 더듬더듬 이야기를 나누었다. 그는 마지막으로 그의 큰 눈을 반짝이며, "나 위험한 사람 아니에요. 나 무슬림이에요"라고 했다. 자신의 종교를 말하는 그의 눈에 자긍심과 자존심이 비쳤다. 차마 그에게 "그런데 우리나라 사람들은 당신의 종교 때문에 알리와 알리 친구들이 위험하다고 느끼는 거예요"라고는 말하지 못했다. 다만 알라의 가호가 있기를 빈다고 인사했다.

난민들을 만나기 위해 제주로 간 내가 감동을 받은 부분은 제주 사람들의 따스한 환대였다. 어떤 성당과 교회는 자신들의 교육관을 내주었고, 어떤 개인은 자기 집이나 작업실 같은 공간을 내주었다. 또 어떤 사람들은 예멘 사람들에게 필요한 물건들을 나누어주었다. 휴지나 옷을 가져다주는 사람들도 있었다. 제주 사람들은 4·3사건 때 난민이 되어 막막하게 일본으로 떠나야 했다며, 예멘 사람들을 이해

한다고 했다.

한편에서는 이슬람 테러리스트에 대한 공포와 거부감으로 예멘 난민을 받지 말자는 청원이 대대적으로 진행되기도 했고, 일부 기독교 신자들은 그들로 인해 이슬람교가 들어올지 모른다며 그들을 거부했다.

어느 날 갑자기 저기 먼 곳 예멘이란 나라에서 살던 사람들이 우리나라 제주도에 도착했다는 현실은 우리에게 세계화된 세상을 사는 자세를 생각하게 한다. 그들은 우리에게 타자였고, 근거 없는 두려움을 주는 존재였을 수도 있다. 한 가지 우리가 꼭 생각할 것은, 두렵고 어려운 현실을 마주한 사람들이 우리 곁으로 다가왔다는 것이다.

그동안 난민은 전쟁과 분쟁으로 인해 살던 곳을 떠나 새로운 곳으로 이주하는 사람을 의미했다. 그러나 이제 난민은 환경의 변화를 피해 이동해야 하는 사람을 의미하기도 한다. 아프리카에 있는 수녀님들은 모든 사람이 이 지구에서 깨끗한 물을 마실 권리에 대해 이야기한다. 사하라 사막이 점점 확대되는 사막화가 진행되면서, 사람들은 물을 찾아 자기가 살던 고향을 떠나간다. 지난 30년간 북극 빙하의 4분의 1이 녹았다. 어디에 발을 디뎌야 할지 몰라 곤란해하는 북극곰의 모습을 담은 포스터가 처음에는 꿈의 한 장면 같았는데, 이제는 그런 현실도 무감각해진다.

기후 패턴이 변화하는 것 또한 피부로 느끼고 있다. 여름은 살인적으로 더워졌고 가뭄은 갈수록 심각하다. 내가 사는 캘리포니아는 전에 없던 산불이 끊이지 않는다. 이제는 6월이 되면 이곳저곳에 산불이 나고, 매캐한 공기 때문에 휴교를 해야 하는 정도가 되었다.

지난여름, 비교적 늘 조용하던 우리 동네 바닷가는 코로나에도 불구하고 사람들이 발 디딜 틈 없이 몰려들었다. 경찰이 통제하지 못할 만큼 날이 너무 더웠고, 이미 사람들이 너무 많았다. 비교적 온난한 샌프란시스코에는 에어컨이 있는 가정이 거의 없었는데, 점점 에어컨을 설치하는 집들이 늘고 있다. 그렇다면 환경의 변화에 하루아침에 자기가 살던 동네를 떠나 어딘가로 이주해야 하는 사람들은 더욱 늘어날 것이다. 인도네시아는 기후 변화로 높아지는 해수면 때문에 수도를 자카르타에서 칼리만탄섬으로 옮기기로 했다.

UN은 사막화로 자기가 살던 곳을 떠나야 하는 난민이 600만 명에 이른다고 경고했다. 이런 현실 속에서 지구촌 가족의 개념이 우리 안에 세워지지 않는다면, 우리의 미래는 더욱 어두워질 것이다.

디아스포라

디아스포라Diaspora는 '흩어진 사람들'이란 뜻이다. 기원전 587년경 바빌론이 고대 이스라엘을 점령했고, 이스라엘의 거의 모든 쓸모 있는 사람들은 왕부터 노예까지 다 끌려갔다. 이 지역의 패권이 페르시아, 그러니까 현재의 이란으로 다시 넘어갔을 때, 황제 키루스는 이스라엘 사람들의 귀향을 명했다.

그러나 50년이란 기간은 많은 것을 바꾸었다. 황제는 자기 정체성을 확고히 하고자 바빌론에 살면서 타민족과 결혼한 사람들을 단죄했다. 이들을 억지로 이혼시키거나, 결혼을 유지하려는 사람들을 추방하기도 했다. 결국 유대인들은 이스라엘로 돌아가기보다 그 근처에 흩어져서 무리를 이루어 살기를 선택했고, 이렇게 이루어진 공동체를 디아스포라라고 부르게 되었다. 이집트와 지중해 지역의 여러 지방으로 흩어진 이스라엘 사람들은 회당을 만들고 율법을 지키면서 하느님의 백성으로 살아남았다.

유럽 유대인의 역사를 들여다보면, 피해를 보는 사람들은 위기의 상황마다 유럽의 문화 속으로 녹아들지 않은 채 철저한 타자로 살아가는 유대인들이었다. 흑사병이 돌았을 때도, 유럽인들은 유대인들이 우물에 독을 타서 전염병이 생겼다며 돌로 쳐 죽였다. 종교 개혁이 일어난 16세기에, 스페인은 그 나라에 살던 유대인들의 땅을 다 빼앗고 추방했다. 나치 정권의 유대인 학살은 유대인들의 역사를 놓고 보면 초유의 사태가 아닐 수 있다.

인종과 문화가 하나 되는 멜팅팟the melting pot 모델을 추구하던 20세기 초의 미국에서도 유럽에서 온 여러 이민자들은 유럽의 여러 고유한 문화를 버려야 했다. 미국 친구들의 이야기를 들어보면, 자기 할머니는 독일어밖에 몰랐고 자신들은 독일어를 잘 쓰지 않아서 할머니에 대해 잘 알 수 없었다고 했다.

나는 몇 년 전 수도자들에게 강의를 할 때, 미국 이민자들의 어려움, 특히 자기 모국어를 잃어버리는 아픔에 대해 강조했다. 쉬는 시간이 되자 어느 수녀님이 내게 다가오셨다. 수녀님은 영어, 불어 독일어를 공용어로 쓰는 스위스에서 왔는데, 스위스에서는 불어나 독일어로도 공동 기도를 했다고 한다. 그런데 미국으로 와서 보니 어느 날 갑자기 모든 기도를 영어로 하기 시작했다면서, 낯선 언어는 그저 언어의 문제가 아니라 존재의 문제라 말하며 내 손을 꼭 잡았다.

글로벌한 세상에서 많은 이가 이주를 하고, 국적을 가리지 않고 글로벌 시민으로 살아간다. 나도 내 자리에서 정신없이 살다 보면, 가끔 한국을 잊고 그리워할 여유를 잃는다. 인터넷으로 소통하는 요즘은 사실 내가 한국에 있는지 미국에 있는지 잘 구분이 안 가는 때도 있다.

그럼에도 불구하고 미국 사람들과 은근한 기 싸움을 하고 기운이 빠지는 날은 오클랜드 텔레그래프 애비뉴의 한국 식당으로 간다. 한국말로 음식을 주문하고, 손목에 파스를 붙이고 서빙하는 내 나이 또래의 아주머니에게 손목이 많이 불편하냐고 걱정도 하며 아주 매운 음식을 먹고 나온다.

미국에 어제 도착했지만 훌륭하고 매끄러운 영어를 구사하는 사람과 미국에서 30년을 살고도 영어 한마디 못 하는 사람이 공존하는 오늘이 21세기 글로벌 현실이다. 미국에 있어도 한국과 소통하고 한국에서 무슨 일이 일어나고 있는지 다 알 수 있는 것이 디지털 시대의 이민 생활이다.

그렇다면, 사는 곳은 중요하지 않다. 무엇을 위해서 살고 있는지, 지금 내 주변에서 마음이 아픈 사람은 누구인지, 내가 손 내밀어야 할 사람은 누구인지 살펴보는 마음씨가 더 중요하다. 세상은 진화하고 기술은 발전하는데, 사람들의 마음은, 아니 나의 마음도 점점 넓게 열리고 있을까? 누군가의 아픔을 외면하기에 우리는 이제 너무 서로 가깝게 살고 있다.

오늘도 샌프란시스코에 새로 지은 멋진 빌딩 앞에 누워버린 이름 모를 누군가를 지나치면서, 한국의 대도시 어느 구석 옥탑방이나 고시원 단칸방에서 저마다 투쟁하며 살아가는 사람들이 민족이나 국적을 떠나 이 지구촌의, 나의 이웃임을 생각한다.

11장 사회 정의와 따스한 공존

나는 중고등학교 때, 타인과 속을 터놓고 이야기하는 걸 정말 좋아했다. 늘 같이 다니는 친구가 아닌 친구들에게도 관심이 많았다. 그래서 나는 일요일에도 학교에 가서 공부를 했다.

일요일 한가한 교실에는 나 말고도 꼭 두 명 정도 공부를 하고 있는 친구가 있었다. 그 친구들과 이런저런 이야기를 하다 보면 무슨 소설을 읽는 것처럼 재미있었다. '아, 이 친구가 웃을 때는 이렇게 예뻐지는구나.' '아, 이 친구가 사는 동네가 내가 타는 버스 저쪽 편이구나.' 물론 월요일이 되면, 나는 다시 늘 다니는 친구들과 몰려 다녔지만, 일요일에 특별히 만났던 반 친구들의 모습을 귀하게 간직했다.

정의를 정의하는 일

지금 우리는 타인을 인격적으로 만나기 힘들다. 정보는 넘쳐나는데, 사람들은 그저 자기가 처한 환경에서 다른 이의 삶을 전혀 이해하지 못한 채 머리를 숙이고 살아간다.

일상의 회복이 더디기만 한 이 코로나 시대를 지나면, 우리는 과연 어떤 사회를 살게 될까? 그리고 어떤 가치로 살기를 배워야 할까?

정의justice라는 개념은 관계성 속에서 존재한다. 그러니까 정의는 어떤 것이 올바른 관계인지 골몰하고, 바른 관계를 맺는 노력 전체를 아우르는 말이다. 한 사회 안에서 사회 구성원으로서 서로 바른 관계를 이룩하고자 하는 모든 노력을 사회 정의라고 부른다.

성서의 시편에서는 사랑과 진실이 눈을 맞추고, 정의와 평화가 입을 맞추는 세상을 가장 이상적인 세상으로, 메시아가 통치하는 세상으로 묘사했다. 그러니까 인류는 진실, 사랑, 정의, 평화가 한데 어우러지는 세상을 꿈꿔온 것이다.

미국에서 사회 정의는 시민 사회의 저항으로 바꾸어 말할 수 있다. 시민 사회는 베트남 전쟁이나 그 이후 아프가니스탄 전쟁을 비판했고 반전 문화가 자리를 잡았다. 또한 미국 내 인종 간 불화와 불평등을 비판하고 그에 따라 일련의 행동을 취함으로써 사회 정의에 대한 보편적 이해가 자리를 잡게 되었다.

우리나라에서 정의라는 의식이 싹트게 된 것은 1970년대 유신 정치에 대한 저항운동에서부터였다. 6·25 전쟁 후 번영 신화와 반공 이데올로기는 우리의 사고를 지배했고, 그 체제 안에서 알게 모르게 불의한 일들이 시행되었다. 인권을 지키고자 하는 저항정신과 모든 사람이 평등한 세상에 대한 갈망이 사회 정의로 구체화되었다.

우리가 살아가는 세상을 가장 적절하게 정의definition하는 말은 아마도 불안과 소외가 아닐까 한다. 새 학기가 되어서 줌으로 철학 수업을 시작했을 때, 나는 항상 학생들과 함께 무엇이 우리를 불안하게 하는가에 대해 이야기를 나눴다. 불안의 원인을 함께 이야기하다 보면, 대부분은 막연한 미래에 대한 불안으로 고통받는다. 그들은 무엇을 하고 살아야 하는지 확신도 없고, 졸업 후 일자리를 얻지 못할까 봐 불안하다고 이야기한다. 이때 나는 "나도 불안하다"고 한다. 너희만 힘든 게 아니니 불평 말라는 게 아니다. 불안은 다름 아닌 인간 실존의 조건이라는 걸 알려주기 위해서다.

그리고 화면 속의 동기들의 얼굴을 바라보라고 한다. 불안해하는 동료들의 얼굴을 서로 보라고 말이다. 다음 서로 격려의 신호를 만들어보라고 한다. 어떤 학생들은 손을 흔들고, 어떤 학생들은 이모티콘을 올린다. 이렇게 작게나마 격려하고 나면 마음이 좀 나아진다. 그래서 나는 이 시대의 올바른 도리인 정의justice란 모든 사람이 서로에게 불안을 나눌 따스한 누군가가 되어주는 것일지 모른다고 생각했고, 나의 수업이 젊은이들의 지적 호기심을 따스하게 안아줄 수 있도록 고민했다.

그러다 생각을 조금 바꾸었다. 정확히 말하면 보다 거시적인 통찰을 하게 되었다. 그동안 정의에 대한 담론들이 한 국가나 지역의 정황을 전제로 하는 것이었다면, 21세기의 담론들은 지구화의 차원에서 전개되고 있다. 이제야 우리는 몸과 마음으로 이 세상이 결국 서로 연결되어 있고, 타인이나 사회, 자연 없이는 존재할 수 없음을 깨닫게 되었다.

그뿐만 아니라 우리가 경험하는 어떤 작은 문제들은 사실 지구 위에서 행해지는 모든 불의와 연결되어 있다는 진실을 마주하게 된다. 21세기 정의는 결국 우리 개인의 삶을 포함한 모든 것이 연결되어 있다는 진실을 깨닫는 데서 시작된다. 내가 음식을 글로벌한 정의의 관점으로 바라본 이후부터 말이다.

정의 구현의 올바른 예

글로벌한 정의로서의 음식을 연구한다는 것은 특정 문화나 사회가 만들어내는 요리나 요리책, 글로벌한 인기를 누리는 먹방뿐 아니라, 먹거리의 생산방식, 분배 원칙, 상품화된 농작물, 손상된 토양, 친환경 농법 등 다양한 범위의 담론을 분석하고 비판하는 것이다.

내가 음식에 관심을 두게 된 것은 두 해 전, 한 자매님에게서 매일 음식을 공부했던 남편 이야기를 들으면서였다. 그 자매님은 은퇴한 농학자였던 남편이 왜 그렇게 음식에 대해 공부했는지 모른다고 했다. 나와 통화하던 자매님은 전화 끝에 나에게 그 책과 자료들을 모두 보내주고 싶다고 이야기했다. 들어보니 자료의 양이 어마어마한 것 같았다. 나는 우편 비용이 무척 많이 들 거라며 걱정했지만, 그 자매님은 내가 이 책들을 가지고 공부를 하면 좋겠다며 꼭 받아 달라고 이야기했다.

그 후 며칠이 지나 책을 받았다. 책 중간중간마다 적은 꼼꼼한 메모를 보며, 정말 진정성을 가지고 공부를 하던 누군가의 손길과 마음을 느꼈다. 그 당시엔 음식이 나의 연구 주제도 아니어서 공부를 당장 시작하지는 못했고, 방 한구석에 쌓아둔 그 책 더미를 보며 부담을 느끼기도 했다.

두 해가 지난 어느 날, 우연히 그 자매님이 보내준 책더미에서 《음식 전쟁》이란 책을 꺼내 읽었다. 덕분에 음식은 글로벌한 사회 정의의 문제이고, 이 시대를 사는 사람으로서 누구나 음식의 문제에 대해 고민해보아야 한다는 것을 깨달았다. 나는 서둘러 나의 학생들을 위한 새로운 수업을 준비했다.

나는 학생들이 음식에 관한 사회학 서적들을 읽고 토론하도록 지도했다. 이 음식 수업으로 학생들이 음식의 생산과 분배부터 유통, 생태 관계에 얽힌 식료 정책, 새로운 세상을 이루고자 하는 사람들의 연대 운동들에 대해 구체적으로 알았으면 했다. 우리가 먹은 음식이 어떻게 만들어지고 상품화되며 어떤 경로를 거쳐 가게에 진열되는지뿐 아니라, 음식을 생산하는 과정에서 발생하는 수질과 토양 오염 등의 환경 문제와 사회 계층에 대한 문제를 외면하지 않았으면 했다.

농업 기술의 발달로, 현재 인류는 2배나 많은 인구를 먹여 살릴 수 있는 만큼의 식량을 생산한다. 그것은 지구상의 모든 사람에게 하루 2,400~2,700칼로리 정도의 먹거리를 제공할 수 있음을 의미한다. 그러나 현실은 분배의 정의가 이루어지지 않아 매일 3만 7천 명이 굶주림에 따른 합병증으로 죽어간다. 그리고 10억 명이, 그러니까 지구상에 사는 주민 6명당 1명이 만성 영양실조로 고통받으며 심지어 불구가 되어 살아간다.* 그럼에도 수요와 공급의 원리에 의해, 소위 적정 가격을 위해 남는 곡류나 식재료들은 버려진다. 글로벌 경제 법칙에 따라 세계 여러 나라에서 수입한 과일이나 곡물들이 컨테이너에서 쓰레기가 되어 썩어나가는 것이다.

오늘도 지구 곳곳의 고급 휴양지에는 온갖 종류의 산해

---

* 장 지글러, 《왜 세계의 절반은 굶주리는가?》, 유영미 옮김, 갈라파고스, 2016, 개정 증보판, 51쪽.

진미가 하루 종일 차려지고, 또 버려진다. 그리고 그 곁에는 그들이 내다 버린 음식물 쓰레기를 먹고 사는 사람들이 있다. 필리핀의 경우 음식물 쓰레기를 봉투에 넣어 팔기도 하는데, 음식을 살 돈이 없어 먹다 버린 음식 쓰레기를 싼값에 구입해서 먹는 사람들이 정말로 있다.

아이러니하게도, 굶주림과 동시에 사람들은 비만으로 고통받는다. 80년대 이후 미국의 식품 산업은 미국뿐 아니라 세계 곳곳 사람들의 라이프 스타일을 바꾸어놓았다. 맥도날드나 피자헛, 던킨도너츠 같은 다국적 식품 기업들은 전 세계 시장에 진입해 먹거리에 대한 인식을 바꾸어놓았다. 패스트푸드의 빠른 유입으로, 기본 식재료가 기름지고 튀긴 음식이 아니었던 아시아 국가의 아동 비만율이 급속히 높아졌다. 그래서 요즘은 기아로 고통받는 사람들과 비만으로 고통받는 사람들이 공존한다.

더구나 미국의 패스트푸드 산업에서 내부적으로 경쟁이 치열해지면서 거대한 양으로 승부를 거는 경우가 많아졌다. 싼값에 제공되는 거대한 양의 음식들과 무한 리필 되고 설탕을 다량 함유한 탄산음료들은 특히 비만을 가속화했다. 이 비만은 결국 심혈관계 질환, 당뇨, 혈압 등으로 이

어지면서 공중보건의 커다란 문제로 부상했다.

　미국의 경우 백인보다 흑인의 비만율이 50퍼센트, 라틴계 비만율이 25퍼센트 정도 높다. 그리고 이 숫자는 사회적 경제적 지위와 거의 맞물린다. 그러니까 가난한 사람들은 집에서 칼로리를 고려해서 요리하거나, 외식을 하더라도 고민하고 선택해서 할 만한 여유가 없다. 한 흑인 여성은 패스트푸드를 얼마나 자주 먹느냐는 나의 질문에, "남편 없이 혼자 일하면서 자식들을 키우는 나는 패스트푸드가 좋지 않다는 것을 알지만, 시간도 없고 돈도 없어서 매일 저녁 맥도날드 햄버거로 끼니를 때운다"고 이야기했다.

　나는 내 수업의 학생들에게 신선한 음식, 즉 유기농 식재료를 취급하는 가게들과 저렴한 음식을 파는 가게가 각각 집에서 얼마나 떨어져 있는지 조사해보라는 과제를 내주었다. 가난한 지역에 사는 학생들은 신선한 채소를 사는 곳에 가기 위해 거의 30분 정도 차를 타고 가야 했고, 중산층이 사는 지역에 사는 학생들은 걸어갈 수 있는 거리에 신선한 유기농 작물을 파는 가게가 있었다. 가격이 부담스러우면 최고급 유기농은 아니더라도 신뢰할 만한 식료품 가게로 15분 정도 차를 타고 간다고 이야기했다.

그러니까 어떤 종류의 음식을 먹을지는 사는 구역이나 개인의 경제력에 따라 결정된다. 미국 사회에서는 '어떤 음식을 먹느냐가 당신이 어떤 사람인지를 규정한다'고 이야기한다. 즉 화학 약품이 첨가되지 않고, 감옥 같은 사육장에서 항생제와 인공 사료를 끝없이 먹으며 사육된 가축(이나 그 가축의 유제품)이 아닌 좋은 음식을 먹을 수 있는 소비자는 경제적으로 우위에 있는 사람이다.

유전자 조작 곡물이나 먹거리를 관리, 유통하는 회사들은 아스피린을 생산하는 기업 바이엘, 몬산토 등 극소수의 부자들이다. 경제력에 따라 음식에 대한 관여도와 정보의 질 또한 차이가 나지만, 이익을 최대로 하는 것이 기본 원리인 신자본주의 구조에서 어떤 종류의 음식을 택하든 정부나 기업 모두 책임지려 하지 않는다. 그러니 모든 책임은 결국 소비자의 몫이다.

더 큰 문제는, 설사 내가 비싼 유기농 제품을 산다고 해도, 그 유기농이 무엇을 뜻하는지 알아내는 것은 쉽지 않다는 데 있다. 예를 들어 갇혀서 사육되지 않았다는 뜻의 케이지 프리cage free 라벨이 붙은 계란을 푸른 초원을 누비며 행복하게 살던 닭이라고 생각하면 오산이다. 이 라벨이 뜻하는 것은 좁지만 창문이 있고 비상구가 있는 닭장에서 키운

닭이란 의미이다. 그러니 깨끗하게 포장된(많은 경우 초록색 포장재에 뛰어다니는 닭이 그려져 있다) 계란을 보고 자연친화적으로 사육된 닭이 낳은 계란으로 생각했다면, 100퍼센트 소비자가 광고에 속은 것이다.

생산자들에게는 식품 라벨에 대한 자발적인 교육이 필요하고, 소비자들이 정확한 정보를 얻을 권리가 보장되어야 한다. 여러 단체에서 식품 라벨에 대한 문제점들을 고발하고 소비자에게 교육하고 있지만, 기업들의 광고나 제품 디자인은 불편한 진실을 가리는 데 더 많은 비용을 쓰고 있다.

글로벌 농업경제가 땅을 일구는 일에 뛰어든 이후, 제3세계의 농부들이 땅을 잃고 굶주리는 불의한 현실이 도래했다. 1년 내내 커피 농사를 지어도 수확물은 매우 싼값에 유럽이나 미국으로 팔려간다. 이 작물들은 그럴싸한 이미지로 변신하여 화려한 매장의 값비싼 커피가 된다. 그러니 결국 제3세계 농부들의 노동력을 착취하는 식민지 농사가 진행되는 것이다.

사람들은 새로운 운동을 시작했다. 글로벌 농업경제를 거부하고 자신들이 사는 지역의 농부들과 연계하는 것이다. 자신들이 사는 지역에서 자연 친화적인 동물농장이나 농원을 꾸려가고, 동네 사람들이 그 작물을 사주는 것이다. 동네 곳곳에서 열리는 농부 시장은 시골의 장 같아서 구경하는 재미도 있지만, 시장에 나온 농부들에게 올해 작황이 어떠한지도 듣고, 신선한 채소를 저렴한 가격에 구입하는 재미도 쏠쏠하다.

미국에서 이런 일에 가장 앞선 곳이 버클리이다. 어느 식당은 인근의 농부들과 직접 연결해서, 그들이 농사지은 작물로만 요리를 한다. 그래서 계절별로 바뀌는 메뉴를 맛보는 것도 이 식당을 찾는 묘미다. 식당 주인인 앨리스 워터스는 '농장에서 식탁으로Farm to the Table' 운동을 하며 40년 동안 식당을 운영해오고 있다. 맛도 좋지만 기업화에 맞선 인간적인 식당 같아 기분 좋은 장소여서 나도 그곳을 즐겨 찾는다.

버클리 근처의 웨스트 오클랜드나 산파블로 거리를 차로 20분 달려보면, 술 파는 가게와 싸구려 튀김을 파는 가게 외에 건강하고 신선한 먹거리를 파는 곳은 한 곳도 없음을 쉽게 알 수 있다. 대부분 흑인들이 살고 있는 이 동네는 갱들이 판치는 마약과 매춘의 소굴이다. 이런 가난한 지역에는 유기농은 둘째치고, 푸른색 음식조차 보기 힘들다.

이런 이유로 이 지역에서 공동체를 만들어가는 사람들

이 농부들과 연계하여 매주 한 번씩 농부의 장을 열기로 했다. 가난한 이 동네의 장은, 음식 정의를 위한 투쟁의 장소이고, 또 사람들이 모여서 술이 아닌 과일, 채소, 생선 등을 사고파는 매우 귀한 장소이다. 또한 내가 사는 앨러미다의 임대 주택 앞에는 공동 정원이 있어서, 각자에게 주어진 땅에서 채소를 재배한다. 사람이 신선한 초록색 음식을 손쉽게 먹을 수 있다는 것은 인권의 문제이다.

자본주의 아래 음식 사업은 소수의 기업이 장악했고, 그들의 이윤을 최대화하려는 도구가 되어버렸다. 그래도 여전히 음식은 인류에게 생명의 근원이고 선물이다.

우리는 관계를 시작할 때 함께 식사를 하자고 제안한다. 함께 음식을 나누면서 조금씩 그 사람을 알아가고, 그러면서 우정이 시작된다. 나는 아끼는 학생들에게 밥 사주는 걸 좋아한다. 맛있는 음식을 먹으며 내가 가르치는 학생들의 고민도 들어주고 그들의 가족 이야기도 듣다 보면, 그 젊은 이들은 그저 나에게 수업을 듣는 학생이 아니라 나와 아주 가까운 친구가 된다.

누군가 식사를 못 하는 이들이 있다면, 함께 나누는 것은 인간으로서의 기본적인 예의일 것이다. 이번 팬데믹에 산책을 하다가 식재료가 없어 난처한 가정들을 위해서 집 앞에 식료품들을 내놓은 집들을 쉽게 발견할 수 있었다. 어떤 집 앞에는 감자나 양파, 과일들이 놓여 있다. 어떤 집은 아예 냉장고까지 내놓고 우유 같은 음료수를 비치해두었다. 음식을 나누어주는 곳에는 사람들이 가져다놓은 음식으로 가득하다. 비록 싼 음식이라도 사람들은 마음을 모아준다. 또 우리 학교 학생들은 아프리카나 남미 어딘가에서 고생하는 농부들이 조금이라도 많은 수익을 얻을 수 있도록 공정 무역으로 생산된 커피를 파는 자원봉사를 하기도 한다.

한국에서는 일자리가 없어 힘든 젊은이들이 편안하게 다닐 수 있는 식당을 연 목사님 이야기도 들리고, 내가 아는 베트남에서 온 수사님은 외국인 노동자를 위해 베트남 쌀국수를 만들어 봉사하기도 한다. 인류는 사실 늘 배고팠던 것 같다. 그래서 음식은 늘 귀한 생명을 나누는 선물이었다.

이 팬데믹에 많은 사람이 생명의 빵을 나누어 먹는 기적을 통해, 독식하는 자본주의의 사슬이 조금씩 풀리길 소망한다. 특히 떡볶이 같은 우리 음식은 제발 서민들의 음식 사업이 되길 기도한다. 골목마다 다른 떡볶이, 어묵, 김밥 맛이 얼마나 사람들에게 기쁨을 주는지 제발 알아주길 바란다. 그래서 작은 포장마차 사장님들의 사업이 번창하길 소망한다.

이제 나는 국가나 민족의 경계를 넘어 글로벌한 세상에서, 지구의 안녕과 더불어 모두가 함께 살아갈 방법을 이야기하는 것이 21세기의 정의라고 생각한다. 21세기를 제대로 인간답게 그리고 따스하게 함께 살아가는 키워드는 무엇일까?

미국의 영성가 토머스 머튼은 어떤 사람도 섬에서 살아갈 수 없고 우리는 본질적으로 누군가와 연결되어 있는 존재임을 강조했다. 사실 희망이 없는 상태에서도 누군가와 연결되어 있다면 그 사람은 쉽게 절망할 수 없다. 그러므로 우리는 이제 공동체라는 꿈을 다시 꾸어야 한다. 공동체와 함께 있음으로 우리는 성장한다.

물론 많은 경우, 성장은 단순한 기쁨보다는 도전과 성찰을 통해서 가능할 것이다. 우리가 독립된 개체가 아니라 함께함으로써 존재한다는 것은 어김없는 진리이다. 우리는 촘촘한 네트워크를 만들어야 한다.

동양의 사상이 21세기에 훨씬 설득력이 있는 것도 그런 이유에서일 것이다. 개인보다는 사회나 공동체를 중시하는 동양 사상은 조화와 균형을 이야기한다. 동양 철학은 자연과 인간을 하나로 보는 우주관과 인간의 실존은 서로 함께 연결되어 있음을 이야기한다. 이는 21세기를 사는 인류에게 지혜를 제공한다. 베트남의 틱낫한 스님은 꽃 한 송이에서 우주를 보라고 가르친다. 그 꽃 속에서 구름을, 비를, 토양을, 그리고 사람들의 손길을, 자신을 발견하라고 이야기한다.*

우리는 많은 시간을 인터넷에서 모르는 사람들을 만나고, 물건을 사고팔기도 하면서 많은 일을 처리한다. 그렇지만 이런 일련의 작업들은 여운을 남기지 않는다. 우리가 만나는 가상 현실은 어떤 면에서 우리의 시선을 점점 쪼개고 분산시킬 뿐이다. 가끔 나는 내 페이스북의 친구들을 들여다보면서 내가 어떤 사람인지 성찰해본다. 그리고 왜, 어떤 그룹의 사람들이 나와 친구를 맺고 싶어 하는지 살펴본다. 대부분은 친구가 될 만한 사람들이다. 그러다가도 나와

---

* Thich Nhat Hanh, *Living Buddha, Living Christ*(New York: Riverhead Book, 1995), 12-15.

전혀 성향이 맞지 않는 사람들과는 친구가 될 수 없는 걸까 하는 생각을 하게 된다.

더글러스 로스코프는 그의 책 《팀 휴먼》에서, 우리가 살고 있는 인터넷 세상의 원리인 알고리즘을 비판했다. 그는 우리가 0과 1로 구성된 많은 선택에 의해 정체성이 구성되고, 개인에게 가장 맞는 것이라고 규정되는 어떤 프레임 안에 갇힌 채 살아가게 된다고 설명했다.* TV를 보던 시대에는 동일한 콘텐츠를 동시간 대에 경험할 수 있었다. 어떤 드라마를 하는 시간이 되면 온 도시가 쥐 죽은 듯 조용하던 시대가 있었다. 학교에 가면 친구들은 모두 같은 프로그램 이야기를 했다. 모두 같은 것을 보고 같은 것을 놓고 이야기할 수 있었다.

이제 우리는 더 이상 TV를 함께 보지 않는다. 우리가 보는 내용은 이제 컴퓨터 화면에서 스마트폰으로 넘어왔다. 자기의 취향, 그것도 나의 정보에 최적화된 프로그램을 개인적으로 본다. 소통은 나와 어떤 이유에서 같은 카테고리에 연결된 사람들로 한정되었다. 그러다 보니, 점점 나와 다

---

* Douglas Rushkoff, *Team Human* (New York: W.W. Northon, 2019), 135.

른 사람의 의견이나 관점은 아예 취급하지 않게 되었다. 나와 다른 지점에 선 사람들의 이야기를 있는 그대로 들어주는 훈련이 불가능하다는 것이다. 그리고 결국 상황을 그대로 보는 능력을 상실한다.

하지만 우리가 서로 연결되어 있음을 잊지 않고 노력한다면, 사람과 사람 사이의 공간에서 비롯되는 에너지, 힘, 연결고리들이 사실 이 세상을 구성하는 원리임을 깨닫는 것은 어렵지 않다. 그렇다면 우리가 해야 하는 시급한 일은 지금 우리가 믿고 있는 알고리즘이 가져다준 네트워크 말고, 사람과 사람 사이의 진짜 연결 고리를 다시 이어가는 일이다. 이집트 출신의 경제학자 사미르 아민은 서구 제국주의의 이익을 극대화하기 위해 편성된 이 네트워크의 링크를 잘라내고 새로운 링크의 경제를 만들 것을 강조했다.*

사실 새롭고 신선하게 우리가 다시 연계해야 하는 대상은 무수히 많다. 상상력과 창의력을 발휘해서 서로 손을 잡을 수 있다면, 세상은 그렇게 희망이 없지 않다. 경제의 새로운 링크, 사람과 사람이 서로 만나는 그런 경제라면, 우리 삶의 질이 근본적으로 달라질 수 있다.

---

* Samir Amin, *The Implosion of Contemporary Capitalism* (New York: Monthly Review Press, 2013).

새로운 네트워크를 강조하는 자크 아탈리는 현재의 이런 정치 사회적 구조를 비판하면서, 소외 현상에 대한 답으로 협력 네트워크를 강조한다. 그는 우리가 살아남으려면 서로 경쟁하는 네트워크가 아니라 서로를 돌보고 내어줌으로써 기쁨을 찾는 새로운 네트워크가 필요하다고 이야기한다.[*]

우리가 살아가는 이 세상에서 모든 정보를 총체적으로 가지고 있고 모든 능력을 가진 사람은 없다. 더구나 내가 많은 것을 누리고 있다면, 이 세상에서 누군가의 노동을 저렴한 가격으로 사용한 것임을 알아야 한다. 우리가 노력한 만큼 정말 부자가 될 수 있다면, 하루 종일 폐지를 줍는 이름 모를 누군가는 백만장자가 되어 있어야 한다.

우리는 끊임없이 관계를 형성해가야 한다. 서로를 착취하는 관계가 아니라 서로를 돌보는 관계 말이다. 통계에 의하면, 한국 사회에는 2021년 기준 1인 가구가 40퍼센트를 차지했다. 혼밥을 하고 혼술을 하며, 조그만 오피스텔에서 혼자 살아가는 사람들은 과연 어떤 관계망을 가지고 있을까. 우리는 종종 초라한 원룸에서 홀로 쓸쓸히 죽어가는 사

---

[*] 자크 아탈리, 《자크 아탈리의 인간적인 길: 새로운 사회민주주의를 위하여》, 주세열 옮김, 에디터, 2005, 158-160쪽.

람들에 관한 소식을 듣는다. 그럴 때면 관계망이 없는 가난이 돈이 없는 가난보다 훨씬 비참하다는 생각이 든다.

만일 이 세상 모든 사람이 어떤 형태가 되었든 진실로 연결되는 누군가가 있다면, 우리가 겪는 소외와 고독으로부터 자유로울 수 있을 것이다. 사람이 사람과 살면서 점점 관계 속으로 초대되어갈 때, 관계가 깊어지면서 동시에 확장되어 갈 때 그 사람은 행복할 것이다.

또한 나는 느림을 택할 용기를 21세기 사회 정의라고 생각한다. 우리는 오늘날 살아가는 방식, 즉 효율성과 생산성을 향해 질주하는 삶의 방식으로부터 거리를 둘 수 있을까? 좀 느린 속도로 살 수는 없을까? 이런 엉뚱한 생각도 하게 된다. 언제부터인가 한가한 사람을 보기가 힘들어졌다. 완벽하게 수업을 준비하고, 미팅에 빠짐없이 참석하고 연구하는 생활 방식이 비난받을 일은 아니지만, 가끔은 넉넉하고 느슨하게 시간을 보내고 싶다. 그래서 산책을 더 많이 하고 타인의 이야기를 더 많이 들어주면서, 비효율적인 하루를 보내고 싶다. 더 느린 산책, 더 느린 속도를 통해 천천히 세상을 바라보고 싶다.

그래서 내가 하는 일은 무리한 일정을 줄이는 것이다.

다른 사람을 신뢰하면서 그들이 하는 일을 기꺼이 응원하는 것이다. 이 연습을 통해 내가 모든 것을 통제할 이유도, 권리도 없다는 것을 천천히 깨닫는 중이다.

구약성서에는 시나이산에서 모세가 하느님으로부터 십계명을 받는 이야기가 나온다. 여기서 십계명은 단순한 법령이 아니라 삶의 방향을 제시하는 근거이다. 즉 어떻게 하나의 공동체로서 살아가야 하는가에 대한 지침이라고 볼 수 있다. 그리고 이후에 나오는 다른 법령들은 사실 이 십계명에 대한 해석들이다.

십계명 중 가장 눈에 띄는 조목은 "안식일을 지키라"는 계명이다. 이 조목은 신명기에서 좀 더 구체적으로 설명이 되는데, 안식일을 지켜야 하는 이유는 종들이나 가축들이 쉴 수 있게 하기 위해서다. 종살이했던 이스라엘에게 너희도 종살이해 보았듯이, 그 삶이 너무 고달픈 것이므로 너무 일에 집착함으로써 너의 종들을 괴롭히지 말라는 가르침이다.

일중독에 시달리는 현대인들은 쉼 없이 일한다. 직장에서는 노동자들의 쉼을 따가운 시선으로 본다. 나는 십계명의 이 조항이 다른 사람을 배려하고 함께 살아가는 방법을 강조하고 있다는 의미에서의 사회 정의를 가장 잘 가르친다고 생각한다. 나도 쉬어야 하고 그럼으로써 타인을 쉬도록 배려할 수 있다. 그것은 조금 더 챙기려는 나의 고삐 풀린 욕망을, 그것이 물질적이든 정신적이든, 제어할 때만 가능하다. 잠시 숨을 쉬고 주변을 둘러보고 한 걸음만 천천히 걸어가보자. 그러면 저만치에 나를 향해 걸어오는 아름다운 사람을 발견할 것이다.

12장 AI와 친해지기

내가 AI를 처음 접한 기분은 행복이다. 내가 처음 만난 AI 는 어린 시절 즐겨 보던 만화 영화 〈우주소년 아톰〉의 주인공 아톰이다. 나는 이 귀여운 아톰 캐릭터를 매우 좋아했을 뿐만 아니라, 아톰의 여동생 우랑이까지 친한 친구처럼 가깝게 느 꼈다. 우리의 아톰은 위험에 빠진 지구를 구하기 위해 물불을 가리지 않았다. 어디 아톰뿐인가, 〈로보트 태권브이〉와 〈마징 가 제트〉도 있었다.

우리가 살고 있는 21세기를 특정 짓는 요소는 여러 가지가 있겠지만, 그중 대표적인 하나는 싫든 좋든, 'AI와 함께 살아가 는 삶'이라고 할 수 있다. 어쩌면 누군가에게는 오래전부터 꿈 꾸어온 세상일지도 모른다.

AI란 무엇인가

로봇은 우리를 위기에서 구해줄 자랑스러운 존재였으며, 우리는 어린 시절 로봇이 악당을 무찌르는 장면에 열광했다. 성당의 주일학교 교사들은 어린이 미사 시간이 만화 방영 시간과 겹치자, 어린이들을 성당에 오게 하기 위해 고민하며 부심했다. 그런데 상상의 나라에서나 만날 수 있을 것 같던 AI를 이제는 현실에서 어렵지 않게 만날 수 있다.

실생활에서 AI를 접하는 대다수의 사람은 친숙함과 함께 막연한 두려움도 느끼고 있다. 컴퓨터 시스템이 작동해서 나의 개인 정보가 누군가에게 흘러 들어가 어디엔가 이용될 수 있다는 두려움에서부터 특정 개인, 사회조직, 혹은 국가가 AI시스템을 통해 개인의 삶을 통제할지도 모른다는 불안, 그리고 시스템 오작동으로 인해 야기될 혼란이나 로봇이 인간을 지배하는 상상에 이르기까지, AI에 대한 걱정과 두려움은 다양하다. 특히 이번 코로나 사태는 공중 보건이라는 명분으로 개인의 삶을 컴퓨터 프로그램이 통제하게 만들지 않았을까? 소수의 독재가 만연한 사회를 수용하고 사는 디스토피아가 도래한 것은 아닐까?

언젠가 친구들과 AI가 지배하는 세상에 관해 이야기를 나누던 중이었다. "AI가 악일 수도 있지 않을까?" 한 친구가 물었다. 이에 컴퓨터 프로그래머인 친구가 이렇게 답했다. "그렇게 악이라고 규정할 만큼 분명하면 좋겠지만, 사실 AI는 선도 아니고 악도 아니야. 그냥 쓰레기 정보를 넣으면, 쓰레기가 나오는 것일 뿐이야." AI가 우리에게 어떤 인상과 느낌으로 다가오는가와는 별개로, AI는 입력된 조건과 가치들을 여과 없이 거울처럼 비추어줄 뿐이라는 것이다.

그러니 AI의 문제는 인간의 문제와 동떨어진 별개의 문제가 아니라, 바로 인간의 문제이다. 이 시대에 우리가 마주하는 AI는 우리의 사고방식, 목표, 가치들을 보여주는 척도이다. AI가 작동되는 기제는 알고리즘이다. 가끔 내가 검색한 자료들을 거꾸로 추적하다 보면 내가 누구인지, 나는 어떤 것에 관심이 있는지 바로 알게 된다.

내가 노트북으로 찾은 검색어를 가만 들여다보면, 나는 너무 어둡거나 폭력적인 주제를 싫어하고, 사람 사는 방식이나 이야기, 신화와 철학, 미술에 관심이 많다는 것을 알 수 있다. 나는 그리고 진짜 나의 생각은 화면을 덮어 코드를 뽑고, 늘 가방에 넣어 다니는 줄 없는 빈 노트에 적는 사람이라는 것도 알겠다. 그렇다면 AI란 거울의 실체는 무엇일까?

AI의 사전적 정의는 기계에 의해 작동되는 지적 능력 체계이다. 그러니까 AI는 인간의 지적 능력과 달리, 정보를 수집하고 분류하는 기능으로 목표한 것을 최대한 효과적으로 수행한다. 요즘 가정에서도 많이 사용하는 로봇 청소기는 예약된 시간이 되면 알아서 집 안을 돌아다니며 청소를 하고 진행 상황도 알려준다. 친구가 일하는 병원의 구내식당에서는 로보트가 원하는 반찬을 테이블로 운반해준다. AI가 성가신 일손을 덜어주었고 우리는 더욱 편안해졌다.

그런데 우리의 일을 대신 해주는 이런 상황은 인류에게 노동의 의미를 다시 생각하게 만든다. 나의 동료 교수는 AI가 인류가 해온 많은 노동을 해결해준 현재, 노동의 윤리적 의미를 다시 생각해보아야 한다고 강조한다. 기독교 문화에서 노동은 가장 근원적인 행동 윤리인데, 막스 베버 역시 근대의 서구 문명은 노동의 가치를 강조한 기독교적 신앙관에서 나왔다고 주장했다. 하지만 '우리 손이 하는 일에 힘을 주소서'라고 기도한 시편 작가가 무색하게, 고도의 기술은 많은 노동자의 손을 쉬게 했다. 그리고 이 쉼은 많은 사람의 새로운 가능성이나 창조성을 지지하기보다 결국 일자리를 잃는다는 사실에 그치고 말았다.

그러면 AI시대에 노동이란 무엇이고, 노동을 통해 사랑을 실천해야 하는 인류는 어떻게 그리고 무엇을 해야 하는지, 어떤 종류의 노동을 통해 삶의 의미를 찾아낼 수 있을지 고민해야 한다. 더 이상 노동 후 땀을 흘리며 그 수고로 빵을 먹는 고전적 의미의 노동자의 모습을 찾을 수 없게 될지도 모르니 말이다.

인간은 AI로부터 순수한 육체노동뿐만 아니라 사유할 힘과 정서마저 빼앗기고 있다. 나는 수년째 인터넷 신문에 글을 올리고 있는데, 인터넷의 속도에 깜짝 놀란다. 미국에 있는 내 방에서 컴퓨터로 원고를 보낸 지 얼마되지도 않았는데 벌써 한국 매체에 게재되니 말이다.

30년 전에 종교 신문사에서 기자 생활을 할 때는 원고를 받으러 내가 직접 필자의 집으로 간 적도 있었고, 우체국 소인이 찍힌 우편 봉투를 통해 받기도 했다. 은행잎이 뚝뚝 떨어지는 가을날에, 혜화동 로터리 근처에 사시던 고 한무숙 선생님 댁에 들르면 선생님은 내게 모과차를 내주시곤 했다. 함께 사는 이야기도 하고, 당신의 글쓰기를 이야기해주시던 기억이 아직도 선연하다. 나는 원고를 들고 명동 사무실까지 천천히 걸어오면서, 선생님이 들려주신 그날의 이야기를 즐겁게 곱씹어 보곤 했다.

이젠 모든 것이 정말 너무 빠르다. 저자의 손글씨 느낌 같은 것을 음미할 여유도 대상도 없다. 사실 어떤 필자가 원고지를 채우는 방식, 쉼표나 마침표를 찍는 방식, 흘림체의 느낌을 즐기던 시절은 이미 사라진 지 오래다.

AI는 인간의 우위에 설 것인가

인간과 AI는 어떤 면에서 다른 걸까? 인간과 로봇의 가장 기본적인 차이는 감정의 유무에 있다. 뇌 과학의 발달로, 우리는 사람이 주어진 상황에 대해 어떻게 감정적으로 인식하는지 잘 알고 있다. 어떤 자극에 대해 감정적으로 대응한 방식은 한 개인의 뇌에 길을 내어서, 패턴을 이루게 되고, 그 패턴이 그 사람의 성정이 되기도 한다. 따스한 사람, 공감을 잘하는 사람, 우울한 사람, 그들 각자는 세상을 인식하고 그에 따라 반응하는 고유한 방식을 가지며, 그것이 어떤 사람을 가장 그 사람답게 하는 매력이 된다. 하지만 AI에겐 감정이 없다.

만일 AI가 감정을 가지게 되면 어떻게 될까? 이 문제를 다룬 영화가 〈블레이드 러너〉다. 1983년에 개봉한 이 SF영화는 2019년이라는 미래를 배경으로 복제인간 문제를 다룬다. '인간은 무엇인가'라고 묻는 이 영화의 물음은 벌써 시간이 흘러 2023년을 앞두고 있는 우리에게 아직도 유효하다.

영화 속 복제인간들은 기억을 기반으로 한 감정을 가지고 있다. 자신이 인간이라고 믿는 레이첼은 정체성을 깊이 고민한다. 레이첼은 자신이 이렇게 어린 시절을 기억하므로 스스로 인간이라고 믿는다. 하지만 그녀의 그 기억은 누군가의 기억을 복제해서 심은 것이었다.

우리는 살면서 주변에서 기억을 잃는 사람들을 종종 본다. 부모님이나 사랑하는 사람의 죽음도 충격이지만, 살아있음에도 기억을 잃어버려 함께했던 기억들을 공유하지 못할 때 겪는 충격과 상실감은 결코 죽음보다 덜하지 않다.

또한 만일 내가 누구이며 지금 어디에 있는지 모를 때 느낄 공포와 충격을 생각하면, 기억이 인간의 정체성과 삶에 의미를 부여한다는 사실을 부인할 수 없다. 현재 우리 과학 기술이 제시하는 AI는 감정이 없다. 다만, 이 영화를 통해 우리는 기억과 감정과 관련하여, 무엇이 인간을 인간이게 하는가라는 질문에 확실한 답을 얻을 수 있다.

복제인간과 관련해서 내가 인상 깊게 읽은 책은 가즈오 이시구로의 《나를 보내지 마》이다.

어느 기숙학교 학생들의 이야기로 시작하는 이 책은 한참 읽고 난 다음에야 학교가 사실은 복제인간들이 교육받는 기숙학교라는 사실을 알게 된다. 나는 몹시 충격을 받았다. 모든 소설이나 영화가 그렇듯, 개연성 있는 허구이기에 더 충격이 컸다. 소설을 읽다 보면 캐릭터는 어느덧 우리 마음에 굉장히 가까이 다가와 어떤 흔적을 남기는데, 이 소설을 통해 가까워진 이 캐릭터들이 사실은 복제인간이란 사실이 당황스러웠다.

보통 부모 없는 아이들이 부모를 그리워하는 것처럼, 만일 복제된 아이들이 자기라는 존재의 근원을 알고자 한다면 어떻게 될까? 그리고 누군가의 DNA를 복제해 만들어진 자신의 존재 이유가 장기를 내어주는 것으로만 제한된다면 어떠할까? 우리는 과연 우리의 생명을 연장하기 위해 복제인간을 그렇게 이용할 권리가 있을까? 창조주 하느님은 인간에게 자유 의지를 주셨는데, 인간이 복제한 그 복제인간에게 우리는 무엇을 줄 수 있을까? 결국 마지막 페이지를 넘겨 책을 덮었을 땐 대상이 무엇이 되었든 내가 맺어야 할 관계의 대상이라면 예의를 갖춰야 한다는 생각이 남았다.

또 하나, 인간과 AI의 차이점을 생각해보면, AI는 진화하지 않는다는 점이다. 진화란 살아 있는 유기체에서만 일어나는 현상이다. AI가 말을 하고, 이 세상에서 살아남기에 (인간에게 이용되기에) 최적화된 상태가 될지라도 그것은 진화가 아니다. 진화란 특정 시간과 공간에서 일어나는 무작위적인 성숙을 의미하기 때문이다.[*]

일반적으로 진화를 생명체가 무한 경쟁 속에서 적자생존의 원리에 의해 달려가는 것으로 생각하지만, 진화란 상호작용 속에서 새로운 힘이 만들어지는 과정이다. 우리는 인과관계를 분명히 밝히고자 하지만, 우리가 살아가는 현실은 인과 관계가 그렇게 분명하지 않다. 생각지 못한 어떤 요인이 상황을 바꾸는 일이 부지기수로 일어난다.

인간의 삶에는 모험적인 요인과 우연적인 요인들이 있다. 내가 좋아하는 한 시인의 시집으로 〈우연에 기댈 때도 있었다〉가 있다. 사실 나는 종종, 앞으로의 방향을 알 수 없

---

[*] Douglas Rushkoff, *Team Human*(New York: W. W. Northon, 2019).

이 막막한 때, 마치 어느 가을날 햇볕을 받아 따뜻해진 담벼락에 기대선 나그네처럼 우연을 기다린다. 그리고 나에게 다가오는 삶의 새로운 결을 쓰다듬어본다.

MIT에서 AI를 연구하는 메러디스 브로사드는 인공지능은 인간의 한계를 그대로 가지고 있다고 주장한다. 1966년에 개발된 최초의 대화형 컴퓨터 프로그램 '엘리자'는 대화를 통해 답변하도록 설계되었지만, 모든 질문에 대한 응답은 불가능했다. 그 이유는 결국 엘리자 역시 사회문제에 대한 경험과 예측 범위가 일반 사람들과 크게 다르지 않은 프로그래머(사람)에 의해 만들어졌기 때문이다. 그렇다면 AI에는 프로그램을 만드는 사람들의 사회적 문화적 가치가 그대로 반영된다고 볼 수 있다.[*]

내가 미국에 살면서 시리siri로 음성검색을 하면, 시리는 가끔 나의 질문을 알아 듣지 못한다. 이 음성 지원 프로그램에 입력된 데이터는 제3세계에서 온 이민자들의 영어 발음 정보를 포함하고 있지 않기 때문이다.

AI시스템은 확실성을 전제로 하고, 확실한 결론을 내려준다. 그래서 우연이란 존재하지 않는다. 오류는 발생하지

---

[*]   Meredith Broussard, *Artificial Unintelligence: How Computers Misunderstand This World*(Cambridge, MA: The MIT press, 2019), 21-23.

만, 어떤 말로 꼬집기 힘들어 '무슨 느낌인지 알지?' 같은 개념은 없다. 또 데이터의 의미가 없어진다 해도, 시스템은 여전히 꿋꿋하게 계산하고, '네 혹은 아니오'라는 이분법적 논리로 뚝 떨어지는 결론에 도달할 것이다.

하지만 이 컴퓨터의 프로그램을 만드는 건 결국 사람이라는 것을 기억해야 한다. AI는 사람이 계획하고 분석하고 싶은 것을 실행해주는 프로그램이다. 사람이 최고의 목표를 위해 AI를 개선하고 고치고 계속 업그레이드할 것이다. 그만큼 AI가 인간의 다양한 필요와 가치를 폭넓게 아우를 수 있도록, 시스템이 아닌 사람이 AI 안에 다양성의 아름다움을 심어주어야 한다.

확실성을 전제로 한 인생을 살 것인가, 불확실성을 전제로 한 인생을 살 것인가? 이 둘은 어쩌면 같은 말인지도 모른다. 하지만 확실성을 전제로 한 인생을 사는 것은 꼭 불확실성을 전제로 한 인생을 완전히 배제하는 것은 아니다. 또다른 가능성을 탐색하며 삐뚤삐뚤한 비전과 꿈을 확보해야 한다. 나는 결국 확실성을 전제로 한 방향과 더불어 불확실성을 받아들이는, 혹은 그사이의 어떤 것들도 다 시험해보기 위한 내면의 균형감을 나의 가치로 선택하고 싶다. 그리고 우리는 양자택일이 아닌 제3의 선택을 할 수 있도록 정신을 바짝 차려야 할 것이다.

AI는 성찰할 줄 모른다. AI는 어떤 행위가 절대적으로 선한지, 윤리적으로 보다 나은 선택인지 판단하고 성찰할 수 없다. 사회의 여러 여건과 가치를 놓고 사고하고 반성하는 것은 오로지 인간의 몫이다. 현재 많은 컴퓨터 시스템은 어떤 가치와 의미를 산출하고 분석하고 있는 걸까? 사실 이 세상에 마음이 아픈 사람들을 연결해주고, 찾아가 위안을 주는 AI가 있다는 말을 나는 아직 듣지 못했다. AI가 작동하는 시스템에 없는 가치들을 찾아내는 일은 인간이 해야 할 일이다. 그렇다면 먼저 AI라는 환경을 살아가는 주체로서의 나는 나의 가치, 내가 고수하고픈 의미들을 알아야 한다.

인간과 AI의 바람직한 관계

AI는 21세기를 살아가는 우리에게 피할 수 없는 존재이다. AI와 관계를 맺는 방식은 결국 우리가 환경과 관계를 맺는 방식을 반영한다. 우리는 인류 문명이 환경과 올바른 관계를 맺지 못했음을 절감하고 있다. 그래서 AI라는 환경이 우리의 삶과 사고의 주체라는 자리를 빼앗으면 어떻게 될지 내심 우려하고 있다. 우리 사회는 경쟁을 가르쳤고, 이기는 자만이 이 세상을 쟁취한다고 가르쳐왔다. 그러다 보니 어느덧 인간이 AI와의 경쟁에서 지면 어쩌나 하는 상상하고 지레 불편해한다.

많은 사람이 이세돌 9단과 알파고의 바둑 시합을 기억할 것이다. 알파고는 런던의 인공지능회사 구글 딥 마인드Google Deep Mind가 개발한 바둑 인공지능 프로그램이다. 2016년 3월 9일부터 15일까지 총 다섯 번의 대국을 치렀는데, 결국 4:1로 이세돌이 패했다. 그날 TV는 알파고 프로그램을 제작한 팀원들의 얼굴을 비춰주었다. 나는 신선처럼 차분히 바둑을 두는 이세돌과 컴퓨터 전문가들의 얼굴을 보면서, 결국 이 경기는 누가 이기더라도 인간의 승리라는 것이 분명히 느껴졌다.

만일 AI를 타자로 상정한다면, 인간과 AI와의 관계를 조금 더 쉽고 분명하게 볼 수 있을 것 같다. 우리가 타자를 대하는 방식은 AI와의 관계에 그대로 적용된다. 사람이 다른 사람과 관계를 맺는 방식을 가만 들여다보면, 어떤 사람은 자기중심적이다. 다른 사람의 마음에는 전혀 관심을 두지 않고 다른 사람을 그저 자신을 위한 도구로 취급한다. 자신을 둘러싼 환경과 타인은 그저 대상일 뿐이다.

2013년 개봉한 영화 〈그녀〉는 컴퓨터 시스템이라는 환경에 살고 있는 인간의 마음을 날카롭게 보여주었다. 나는 영화의 원제가 AI를 목적격 대명사로 부른 〈her〉임에도 이 영화를 주격 'she'로 기억하고 있음에 스스로 적잖게 놀랐다. 아마도 이 AI를 어떤 주체로 깊이 느꼈던 것 같다. 스파이크 존스 감독이 직접 대본을 쓴 이 영화는, 한마디로 한 남자가 인공지능을 사랑하게 되는 이야기이다.

주인공 테오도르는 대필 편지를 써주는 일을 하며, 아내와는 별거 중인 매우 외로운 남자이다. 그는 인공지능 운영체제 '사만다'와 하루를 함께한다. 사만다는 늘 그를 중심으로, 그가 원하는 주제에 맞추어 그가 원하는 시간에 함께 대화를 나눈다. 몸을 가지지 못한 사만다는 육체적 관계를 원하는 그와 육체적 관계를 대신할 아바타까지 제공한다. 테오도르는 온전히 행복하다. 그가 원하는 순간이면 언제든지, 완전히 그에게 집중해서 그와 함께하는 그런 상대를 가지는 일을 마다할 사람은 없을 것이다.

그런데 문제가 발생한다. 어느 순간 테오도르는 사만다가 대화를 나누는 상대가 자기 한 사람이 아닐 거란 생각을 하게 된 것이다. 그는 의심스러운 표정으로 지금 당신이 대화하는 상대가 몇 명이나 되느냐고 묻는다. 그러자 사만다는 무려 8,316명과 동시에 대화하는 중이며 641명과 사랑하는 중이라고 답한다.

우리는 누군가와 사랑에 빠질 때, 그 사람이 나와 온전히 있어줄 수 없고 나의 욕구를 다 채워줄 수 없음에 아파한다. 사랑은 누구나 일방적이고 자기중심적인 요구와 욕구에서 출발하지만, 온전할 수 없는 상대로 인해 결국 상처받는다. 그렇지만 부족한 자기 내면을 바라봄으로써 성장하는 계기를 마련하기도 한다.

여기서 사만다라고 하는 '대화 상대'가 의미하는 건 무얼까? 이건 마치 자기 내면의 거울을 보면서 상상의 나래를 펴는 것과 같다. 이건 마치 아직 몸을 가누지 못하는 아기가 거울에 비친 상을 통해 상상의 자신을 보는 것과 같다. 정신분석자 자크 라캉은 이 거울시기mirror stage에 인간이 가지는 자기도취적인 성향을 강조한다.

나는 영화를 보는 내내, 사랑에 빠진 테오도르가 자신의 이상적 자아를 만나고 있다는 생각이 들었다. 그는 결국 자기 내면 속에 깊이 숨어 있는 이상적 자아를 만난 것이다. 즉 AI에서 만나는 모든 인격은 내 안에 깊이 깃들인 어떤 부분, 혹은 내가 회복하고 싶은 어떤 부분일 것이다.

국내에서 사람들과 대화하는 챗봇 '이루다'가 2020년 12월에 출시된 바 있다. 메신저를 통해 이용자와 자연스러운 대화를 나눌 수 있어 많은 사람이 뜨거운 호응을 보였다. 그러나 이루다는 개발 의도와는 달리 여성 비하, 인종 차별, 장애인, 성 소수자를 향한 혐오 발언으로 문제가 되어 출시일로부터 채 한 달이 되지 않은 2021년 1월에 서비스가 중단되었다.

이건 분명 이루다의 문제가 아니라 환경의 문제이다. AI가 만난 대상들, 즉 학습한 데이터 자체가 편협한 사고를 하고 있었다. 이루다라는 AI가 보여주는 인격은 우리의 타자로서, 우리의 속내를 그대로 보여준 것뿐이다. 우리를 비추어주는 거울이다. 그러니 AI는 타자로서 나의 내면의 지도를 함께 그려가는 어떤 존재이다. 단, AI의 한계를 충분히 이해하고 AI의 결정을 무조건 따라갈 필요는 없다는 전제하에 말이다.

나는 인간미 넘치는 사람이 좋다

　과학의 진보는 우리를 다른 차원의 삶으로 데려다줄
까? 고도로 발달한 기술로 인간성의 한계를 극복하는 새로
운 문명을 가르치는 용어로 트랜스 휴머니즘trans humanism
이 쓰이기 시작했다. 트랜스 휴머니즘이란 과학 기술의 발
전으로, 늙고 병들어 죽어야 하는 인간이 가진 필연적인 조
건이 완전히 극복되는 새로운 유토피아를 의미한다. 이 비
전vision을 가진 그룹들은 여전히 AI를 개발하고, 안전한 어
떤 우주의 공간을 예약하고, 삶을 무한대로 연장하려는 동
기를 가지고 출발하여 활발히 연구를 진행하고 있다. 트랜
스 휴머니즘이 꿈꾸는 완벽한 인간은 인간의 의식을 로봇
의 몸체에 옮긴다거나, 기계의 프로그램을 몸에 심어서, 초
인적인 능력을 사용할 수 있다.

　실리콘 밸리에 수십억 달러를 들여서 알토스 랩스Alstos
Labs라는 생명공학 연구소가 설립되었다. 여기서는 인간의
노화 문제를 해결하고자 세계 유수의 생명 공학자가 모여,
인간의 노화를 되돌리는 줄기세포를 연구한다. 전문가가
아니면서 이 풍조를 무조건 무시하거나 비판할 마음은 없
지만, 그들만의 미래를 꿈꾸는 이 사람들에게 묻고 싶다.

"여전히 매일 배고픔으로 죽어가는 수천 명의 아이들을 구하지 못하면서, 극한의 가난에서 인간의 굴레를 살아내야 하는 다른 사람들의 고통은 돌보지도 못하면서, 늙지 않고 영원히 살 수 있는, 당신들이 만들어놓은 그 유토피아는 도대체 어떤 세상입니까?"

이쯤 되면, 나는 대승불교에서 말하는 보살을 생각하게 된다. 모든 중생이 열반에 들기 전에는 열반에 들지 않는다는, 남은 사람들과 함께 아프겠다는 보살의 그 자애심을 말이다.

트랜스 휴머니즘이 처음 시도되고 여전히 진행되는 곳은 샌프란시스코 베이Bay지역이다. 영적인 갈망과 과학기술이 합쳐지는 이곳에는 오직 강한 인간, 유능한 인간 혹은 사이보그만이 살아남을 것이다. 그때 누군가 어떤 철학자는 이제 인간은 죽었다고 주장할지도 모르겠다. 이 시점에서 나는 다시 한번, 서투름과 약함이 주는 감동을 생각하게 된다.

인간의 마음은 꼭 논리적이지 않을 때가 있고, 최고의 것을 선택하지 않을 때도 있다. 그리고 인간의 마음은 꽉 차 있는 상태에서 움직이기보다, 비어 있을 때 더 잘 움직이기도 한다. 어린아이의 서툰 걸음마를 보면서, 우리는 그 아이가 커서 걷게 될 힘찬 걸음을 상상하기 때문에, 그 걸음을 보고 감동한다. 이 세상에는 하나의 인과율이 아니라 여러 개의 다른 결과가 가능하기에, 세상은 재미있고 또 삶은 새로운 것이다.

그래서 나는 결국 비효율성을 의도적으로 취하는 용기 있는 사람들을 만나고 싶다. AI가 담지 못하는 것이 어떤 건지 궁금증을 느끼는 사람, 확실성을 강요하는 세상 한가운데서, 삶은 꼭 그렇게 확실함 위에 서 있을 수 없다고 확신하는 사람, 그래서 불확실성에 몰입하는 사람들을 만나고 싶다.

어쩌면 그 사람들은 컴퓨터가 출력해줄 수 없는 것들을 잘 보고 매끈한 화면 뒤에서 보이지 않는 사람들을 만날 수 있을 것이다. 무엇보다 AI의 능력을 고마워하면서도, 가끔은 플러그를 뽑고 사람과 사람 사이에 느껴지는 교감을 찾아 꽃 한송이 사 들고, 어찌 사나 궁금한 벗을 찾아 홀연히 자리를 털고 일어서는 그런 사람일 것이다.

맺는말

이 책을 처음 쓰기 시작할 때는 코로나가 막 시작될 때여서, 온 세상이 죽음에 대한 공포와 미래에 대한 불확실성으로 꽁꽁 얼어붙어버린 듯했다. 지구촌 이곳저곳에서 사람이 죽어나갔고, 사람들이 모이는 일이 당연했던 학교와 교회가 폐쇄되었다. 순식간에 모든 수업과 예배는 가상공간에서 이루어졌다. 더구나 우크라이나 사태로 많은 사람이 다치고, 여성과 어린이들이 거리에 나앉았으며, 그들은 국제 난민이 되어 맨발로 알 수 없는 도시를 배회하게 되었다. 그리고 코로나 기간 동안 일자리를 잃은 사람들의 절망감과, 자기가 사는 공간 안에 고립된 사람들의 외로움은 이곳저곳에서 폭력적인 모습으로 드러났다.

진절머리 나는 소외와 상대적 가난을 마주한 인간의 실존 앞에, 누군가는 21세기 니체가 되어 "인간은 죽었다"고 외치며 인간에 대한 이야기를 새롭게 할지도 모르겠다. 물질주의가 지배하는 이 세상에서 지구는 황폐해졌고 가난한 사람들은 더욱 가난해졌으며, 자본을 축적하지 못한 사람들의 삶의 질은 상대적으로나 절대적으로 비참해졌다. 어쩌면 정말 우리는 인간은 죽었다고 정직하게 고백해야 한다. 자본이 주체가 되고 인격이 대상화되어버린 이 세상에서, 역사는 우리의 시대를 어떻게 기억할까?

인류 역사상 가장 많은 것을 누리는 세대? 무언가 새로운 것을 꿈꾸고 희망하는 새로운 세대? 아니면 욕망으로 다짜고짜 달려간 세대? 아니면 지구의 모든 자원을 다 써버리고 신생대 4기, 홀로세holocene를 마감한 세대? 아니면 인공지능이나 사이보그가 함께하는 삶을 택하고 행복을 잃어버리기로 한 세대로 불리는 건 아닌가 하는 무서운 생각이 들었다. 오늘도 수많은 이미지가 부추기는 욕망을 소비하는 현대인의 일상에서 정말 인간은 무엇으로 사는 걸까? 그래서 오늘도, 다시 인간다움에 대해 생각해야 한다.

편안하고 효율적인 것, 그리고 빠른 것만을 찾을 때, 손에는 껍데기만 남을지도 모른다. 일생을 살아가면서, 매일매일 경쟁하면서, 누군가를 딛고 올라가야 한다고 생각하면, 그 사람의 인생에는 무엇이 남을까. 조금 더디더라도 나를 따라오는 사람이 있고 그 동행을 기다려주는 여유가 있다면, 우리가 사는 세상이 그렇게 외롭고 또 쓸쓸한 곳은 아니지 않을까?

우리가 사는 동네를 한 바퀴만 돌아보아도 우리는 금방 알게 된다. 어느 담장 돌 틈새로 피어난 이름 없는 풀꽃이 말로 표현할 수 없는 아름다움을 자아낸다는 사실을 말이다. 매일 출근하는 길가에 심어진 가로수에 무심하게 인사를 건네는 정도만 되어도 알 수 있다. 우리 마음에 길이 하나 난다는 사실을 말이다. 내가 사는 동네에, 아파트 앞 한 구석에서 푸성귀를 팔고 있는 할머니에게 인사를 건네기만 해도, 우리는 인간다움을 지니고 있다는 것과 우리의 삶은 한층 따사롭다는 진실을 알 수 있다.

아직 조심스럽지만, 세상이 조금씩 다시 움직이기 시작하는 듯하다. 국경이 다시 흐릿해졌다. 사람들은 여전히 걱정스럽고 긴장한 채 마스크를 쓰고 있지만, 비교적 꽤 자유롭게 국제선 비행기가 뜨기 시작했다. 공항 어느 구석을 보아도, 가난한 사람들이나 집 없는 사람들의 자취가 보인다. 이들을 극성스레 추방하지 않고 그대로 두는 이 사회가 고맙고 또 낯설다. 그래서 나는 로마 시내 골목골목에 풍기는 지린내에 얼굴을 찌푸리지 않기로 한다. 왠지 가난한 이에게 미소를 건네며 지극히 환대해주지는 않더라도 내모는 것은 아닌 것 같아서.

잘 알지 못하는 어느 거리를 걸으면서, 그저 한 생을 살아가는 순례자로 우연히 마주치는 사람들과 인사를 주고받는 것으로 어쩌면 우리는 '사람'이 되어가는 건지도 모른다. 팬데믹이 낳은 상실을 경청하면서, 어쩌면 우리는 새롭지만 매우 오래된 인간의 서사시 한 줄을 배우고 있는지도 모른다. 하여, 내 생각들을 읽은 당신과 나는 그저 낯선 도시, 어느 길목에서 우연히 마주친 사람들처럼 함께 안녕을 빌어주는 사이가 되었길 바란다.

나는 어쩌면 내일도 누군가와의 만남을 통해 바쁜 일상에서 잃어버렸던 인간성 한 조각을 다시 줍게 될지도 모른다. 이 책을 만난 당신 또한 내면의 퍼즐을 맞추었기를, 당신 영혼에 깊이 숨겨진 가장 아름다운 인간성, 그 사람다움의 자취를 찾았기를 소망한다.

한여름의 로마에서